Bolz

Die Helden der Familie

Norbert Bolz

Die Helden der Familie

Wilhelm Fink Verlag

Bibliografische Information Der Deutschen Bibliothek

Die Deutsche Bibliothek verzeichnet diese Publikation in der Deutschen Nationalbibliografie; detaillierte bibliografische Daten sind im Internet über http://dnb.ddb.de abrufbar.

Das Werk einschließlich aller seiner Teile ist urheberrechtlich geschützt. Jede Verwertung außerhalb der engen Grenzen des Urheberrechtsgesetzes ist ohne Zustimmung des Verlages unzulässig und strafbar. Das gilt insbesondere für Vervielfältigungen, Übersetzungen, Mikroverfilmungen und die Einspeicherung und Verarbeitung in elektronischen Systemen.

ISBN-10: 3-7705-4330-0
ISBN-13: 978-3-7705-4430-4

© 2006 Wilhelm Fink Verlag, München
Umschlagentwurf: Evelyn Ziegler, München
Gesamtherstellung: Ferdinand Schöningh GmbH, Paderborn

Inhaltsverzeichnis

Wozu Kinder?	9
Das Geheimnis des Begehrens	11
Jenseits der Erotik	14
Die Ehe – Rechnung und Gegenrechnung	16
Die neuen Verteilungskämpfe	20
Vorbild Methusalem	24
Die Dialektik von Herr und Frau	28
Das imperiale Selbst	32
Arbeitende Frauen und Vater Staat	35
Die Märkte der Sorge I	39
Die Weltfamilie	42
Lebensabschnittspartner	44
Lernen von Pipi Langstrumpf	46
Die Welt der starken Bindungen	49
Die Stärke schwacher Bindungen	54
Die Märkte der Sorge II	57

Humanvermögen	59
Der Mythos von der Balance	64
Produktiv und unfruchtbar	66
Vom Umgang mit Kinderlosen	68
Die Enteignung der Lebenssorge	72
Vergiftete „Brüderlichkeit"	74
Schöne neue Frauenwelt	77
Wer ist attraktiv?	81
Das notwendige Unglück	85
Naturschutzparks der Männlichkeit	88
Die ewigen Jagdgründe	92
Die maskuline Ästhetik	97
Anmerkungen	101
Literatur	115

> *Die Götter gaben uns Elend;*
> *Denn zu groß war das Glück, daß wir beisammen in Eintracht*
> *Unserer Jugend genössen und sanft dem Alter uns nahten!*
>
> Homer, Odyssee

Wir leben in einem Zeitalter kalter Kriege. Kalter Krieg herrscht zwischen Männern und Frauen, zwischen Alten und Jungen. Kalter Krieg herrscht zwischen Eltern und Kinderlosen, zwischen berufstätigen Frauen und Hausfrauen. Kalter Krieg herrscht zwischen Familien und Staat. Bekanntlich ist dies auch ein Zeitalter des radikalen, begründungsunbedürftigen, zu nichts verpflichtenden Individualismus. Man sieht im Verhältnis von Mann und Frau eine Unterscheidung als ob nicht. Man führt Ehen als ob nicht. Und man hat Kinder, als hätte man sie nicht.

Unser Thema eignet sich besonders schlecht für eine wissenschaftliche Behandlung. Denn man kann nicht „objektiv" sein, wenn es um eine Frage geht, die an die Wurzeln des eigenen Selbstverständnisses geht. Wer über das Verhältnis der Geschlechter schreibt, ist entweder Frau oder Mann. Wer über das Verhältnis der Generationen schreibt, ist entweder jung oder alt. Und wer über Familien schreibt, ist entweder verheiratet oder nicht; er gehört entweder zu den Eltern oder zu den Kinderlosen. Da es hier um Fragen der Identität, des Lebenssinns und des Glücks geht, kann man nicht sinnvoll erwarten, daß der Autor von seinem Geschlecht, seinem Alter und seinem Stand abstrahiert. Besser ist es wohl, die Karten auf den Tisch zu legen. Der Autor dieser Zeilen ist Jahrgang 1953, verheiratet mit einer Frau, die auf amtliches Befragen „Hausfrau" als Beruf angibt, und Vater von vier schulpflichtigen Kindern.

Wozu Kinder?

Jedes gut bürgerlich erzogene Kind kennt das Zauberflöten-Duett *pa-pa-pa-pa* ..., das die Liebe als Kindersegen besingt. Und jeder fleißige Abiturient kennt die Schwarzbrotszene aus Werthers Leiden: *Ich ging durch den Hof nach dem wohlgebauten Hause, und da ich die vorliegenden Treppen hinausgestiegen war und in die Tür trat, fiel mir das reizendste Schauspiel in die Augen, das ich je gesehen habe. In dem Vorsaale wimmelten sechs Kinder von eilf zu zwei Jahren um ein Mädchen von schöner Gestalt, mittlerer Größe, die ein simples weißes Kleid, mit blassroten Schleifen an Arm und Brust, anhatte. Sie hielt ein schwarzes Brot und schnitt ihren Kleinen rings herum jedem sein Stück nach Proportion ihres Alters und Appetits ab, gab's jedem mit solcher Freundlichkeit, und jedes rief so ungekünstelt sein: Danke!* Das sind idyllische Bilder eines Familiengeistes, der aus der Bastelstube unserer Lebensstile genau so unwiederbringlich verschwunden scheint wie der Geist des Protestanismus aus dem stahlharten Gehäuse des Kapitalismus. Wie konnte es dazu kommen?

Es gibt keine tiefer angelegte Analyse zu unserem Thema als die von Oswald Spengler in seinem Hauptwerk über den Untergang des Abendlandes. Der Ton dieser Analyse, vor allem in dem zentralen und für uns einschlägigen Kapitel über die Seele der Stadt, ist aber so überspitzt polemisch und ressentimentgeladen, daß bisher kaum jemand Lust hatte, zu fragen, ob Spengler recht behalten hat. Dabei hat seine Hauptthese *über die Unfruchtbarkeit des zivilisierten Menschen* durchaus die Qualität, unsere aktuellen Erfahrungen mit der Kinderlosigkeit von Wohlstandsbürgern zu resümieren. Spengler unterstellt dem modernen Menschen, nicht mehr leben zu wollen. Genauer: Er möchte wohl noch als einzelner leben, und zwar möglichst lange, wie Nietzsche das vom „letzten Menschen" vorausgesagt hat, aber er möchte nicht mehr als Typus leben. Der Gedanke an das Aussterben seiner Familie schreckt ihn nicht mehr. Auf die Frage „Wozu Kinder?" findet er keinen Grund und hat deshalb auch keine.

Vor allem die Frauen rebellieren gegen das Schicksal der Biologie. Kinder zu gebären und die damit einhergehenden Sorgen und Einschränkungen in Kauf zu nehmen war früher selbstverständlich. Doch in der modernen Welt haben sich auch die Frauen daran gewöhnt, ihr Leben zu „wählen"; und seither fordern sie Gründe, warum sie diese Belastungen auf sich nehmen sollten. Da nun die Vorteile einer Schwangerschaft sehr fern liegen, ja zweifelhaft sind, die Nachteile dagegen auf der Hand liegen, kann es nicht überraschen, daß sich immer mehr Frauen gegen Kinder entscheiden.

Bekanntlich hat Spengler den Untergang des Abendlandes analog zum Untergang der Antike konstruiert. Und gerade im Blick auf die zivilisatorische Unfruchtbarkeit funktioniert dieser Vergleich zwischen dem römischen Imperium und dem modernen Europa besonders gut. Beide leben sie in Frieden, sind gut organisiert und hochgebildet. Trotzdem schwindet die Bevölkerung rasch dahin. Und daran können auch die verzweifelten staatlichen Maßnahmen nichts ändern, die Kinder besserstellen, unbemittelte Eltern unterstützen, Adoptionen fördern und Einwanderung erleichtern. All diese politischen Maßnahmen verpuffen, weil das Problem auf einer anderen – wie Spengler meint: metaphysischen – Ebene liegt. *Statt der Kinder haben sie seelische Konflikte, die Ehe ist eine kunstgewerbliche Aufgabe und es kommt darauf an, „sich gegenseitig zu verstehen". Es ist ganz gleichgültig, ob eine amerikanische Dame für ihre Kinder keinen zureichenden Grund findet, weil sie keine* season *versäumen will, eine Pariserin, weil sie fürchtet, daß ihr Liebhaber davongeht, oder eine Ibsenheldin, weil sie „sich selbst gehört". Sie gehören alle sich selbst und sie sind alle unfruchtbar.*

Auch wenn wir den Niedergang der bürgerlichen Familie nicht gleich metaphysisch zum Untergang des Abendlandes steigern wollen, müssen wir doch feststellen, daß eine Fülle spezifisch moderner Entwicklungen das Spenglersche Szenario in den letzten fünfzig Jahren erheblich verschärft hat. Dazu gehören die sexuelle Freizügigkeit und die antiautoritäre Erziehung seit den sechziger Jahren, der unaufhaltsame Aufstieg des Feminismus und die Eroberung der Kulturbühnen, aber auch der Straßen der Metropolen durch die Homosexuellen. Dazu gehören aber auch die enorm erweiterten wohlfahrtsstaatlichen Maßnahmen – und die Erfindung der Pille. Wir werden gleich sehen, warum und wie all das entscheidend zur Auflösung der bürgerlichen Familie beiträgt. Und wir werden prüfen, inwieweit die Hoffnung einiger sozialdemokratischer Soziologen begründet ist, die in dieser Auflösung Chancen für eine Rekombination der Familie sehen.

Das Geheimnis des Begehrens

Es ist das größte Ärgernis für die menschliche Gemeinschaft, daß man die Beziehung von Männern und Frauen nicht dauerhaft auf Liebe basieren kann. Die Welt wäre in Ordnung – d. h. ihre Ordnung wäre, im Jargon der sechziger Jahre gesprochen, „repressionsfrei" –, wenn die Sexualtriebe durch ihre eigene Dynamik imstande wären, stabile Beziehungen zwischen erwachsenen Menschen zu stiften. Das funktioniert aber nicht, wie zuletzt die 68er Generation erfahren mußte, und deshalb ist die Welt nach wie vor aus den Fugen. Prosaischer formuliert: Die Natur hat es versäumt, die sexuellen Rhythmen und Routinen von Männern und Frauen aufeinander abzustimmen.

Eros ist der antike Name der Paradoxie, daß wir das Wichtigste nur im Verlust finden können. In Platons Symposion erzählt Aristophanes von einem Eros ohne Hoffnung. Die Menschen wollen die Götter angreifen und werden dafür bestraft, nämlich zerschnitten. Seither haben sie stets ihre Zerschnittenheit vor Augen; und seither treibt sie das Begehren nach der Wiedervereinigung des Entzweiten, nach *symphysis*. Jeder Mensch ist also nur ein *symbolon* des Menschen, d. h. wörtlich: die Hälfte eines Würfels – das war ein Freundschaftszeichen der Griechen. Auch wenn nun einer das Glück hat, die andere Hälfte des Würfels, also seine „bessere Hälfte", zu finden, so weiß er doch nicht zu sagen, was er eigentlich vom anderen will. Was der eine von der anderen will, ist jedenfalls nicht der gemeinsame Genuß der Lust. Die Seele begehrt die Einheit der Zerschnittenen. Oder um es mit den Worten von Seth Benardete zu sagen: Aristophanes sieht das Wesen des Eros nicht in der sexuellen Lust, sondern in der Umarmung. In der Umarmung versuche ich die verlorene Hälfte meiner selbst zu umfassen; doch wen auch immer ich umarme – der andere ist nicht meine andere Hälfte.

Eros steht also nicht für Erfüllung der Liebe, sondern für einen Fehlschlag und seine Folgen. Und genau in diesem Sinne erzählt Aristophanes nun den Mythos der Liebesverblendung. Seine Kurzfassung hat der Psychoanalytiker Jacques Lacan gegeben: Indem wir den Anderen überreden, genau das zu haben, was uns ganz macht, stellen wir gegenseitig sicher, daß wir auch weiterhin verkennen können, was uns fehlt. Du bist genau mein Typ! Genau das hatte Freud mit dem Ausdruck *Libidobesetzung* gemeint. Ein Objekt verschränkt sich mit dem Bild in uns, das uns jenes begehrenswert macht. Das Objekt gibt uns also das genaue Bild des Begehrens – und darin liebt der Verliebte im Grunde das eigene Ich.

Das ganze Drama der Liebe spielt auf dem Schauplatz meines eigenen Unbewußten. Und deshalb kann die erotische Beziehung den anderen nicht als anderen anerkennen, ja nicht einmal als anderen erkennen. So zerschellt jeder Liebesanspruch an der endlich gewährten Befriedigung eines Bedürfnisses. Denn die Ansprüche der Liebe fordern vom Anderen, zu geben, was er nicht hat. Gefangen ist man also nicht vom konkreten Anderen, sondern vom eigenen Anspruch an ihn. Eine Gestalt hält uns gefangen: „mein Typ". Technisch gesprochen: Sex ist mechanisch schaltbar – nämlich durch Bilder. Wir kommen noch darauf zurück.

Der Verliebte begehrt im Anderen eine Freiheit, die sich selbst seiner zufälligen Eigenart unterwerfen soll. Liebe ist, daß die Freiheit des anderen sich an meinen Körper fesselt. Um alles in der Welt will die Liebe für alles, was sie an Individuellem ins Liebesspiel einbringt, geliebt sein. Lieben ist das Begehren, geliebt zu werden. Lieben ist die Forderung, der andere möge die Zufälligkeit meiner Existenz als Grenze seiner

Freiheit akzeptieren. Ich bin, wie ich bin; und genau darum liebst du mich.

Wer sich das vor Augen führt, kann nicht mehr überrascht sein, daß die sexuelle Beziehung prinzipiell fehlzuschlagen scheint. Aber gerade deshalb hält uns das Begehren auf Trab. Es läßt sich weder bestimmen noch dauerhaft erfüllen. Der berühmteste Song der Rolling Stones hat also das ganze Geheimnis des Begehrens ausgeplaudert: *I can't get no satisfaction*. Wenn es aber keine Befriedigung des Begehrens gibt, dann ist die delphische Weisung *Erkenne dich selbst!* eine Überforderung.

Das Begehren ist nämlich der blinde Fleck der Selbstbeobachtung und erfordert eine wissenschaftliche Analyse – entweder philosophisch als Phänomenologie des Geistes oder psychologisch als Konstruktion des Unbewußten. Hegel und Freud haben gezeigt, daß alles Begehren im Kern ein Begehren nach Anerkennung ist. Wir diskutieren dieses Thema heute zumeist unter dem Titel Würde oder gar Menschenwürde. So schwer es ist, eine nicht-idealistische Definition der Würde zu geben, so deutlich kann ein Beobachter der modernen Gesellschaft doch feststellen, daß Würde sehr stark mit Kontrollchancen korreliert. Hinter dem Anspruch auf die Achtung der eigenen Würde steht der Wunsch, etwas erkennbar zu bewirken, eine Ursache zu sein, einen für alle sichtbaren Unterschied zu machen. Dem entspricht genau, daß es für die meisten Menschen wichtiger ist, wie sie behandelt werden, als was sie bekommen. Die Gerechtigkeit eines Verfahrens ist ihnen mindestens so wichtig wie die Resultate dieses Verfahrens. Es geht hier also um prozedurale Güter; sie sind Würde-Güter.

Hegel hat all das in der Dimension von Herrschaft und Arbeit überzeugend vorgeführt. Doch hundert Jahre später kommt es bei Freud zu einem entscheidenden Komplexitätszuwachs des Problems. Sein Thema ist die Liebe. Bei der Freudschen Libido geht es um die Köderbarkeit der Sexualität durch Bilder, Typen, Gestalten. Wie schon gesagt, meint der Begriff der Libidobesetzung, daß ein Objekt sich mit einem Bild vermischt und dadurch begehrenswert wird – du bist genau mein Typ! Das ist der narzißtische Rahmen jeder Erotik. Eros selbst kann diese Gefangenschaft im Bild nicht sprengen.

Im Geschlechtsgenuß verhalte ich mich gerade nicht zum anderen als solchem. Sein Selbst könnte da nur störend dazwischenkommen. Deshalb wird die Faszinationskraft einer schönen Frau durch ihre Dummheit nicht beschädigt, sondern gesteigert. Sie ist, mit der unüberbietbaren Formel von Oscar Wilde, die Sphinx ohne Rätsel. Das bestätigen übrigens auch so untadelige, politisch korrekte Philosophen wie Theodor W. Adorno. So heißt es in den Minima Moralia: *Phantasie wird entflammt von Frauen, denen Phantasie gerade abgeht. [...] Ihre Attraktion rührt her vom Mangel des Bewußtseins ihrer selbst, ja eines Selbst überhaupt.*

Jenseits der Erotik

In der Erotik von Begehren und Geschlechtsgenuß lauern also nur Seelenkatastrophen. Doch gibt es noch eine andere Liebe? Um den narzißtischen Rahmen der Erotik zu sprengen, muß etwas ganz anderes hinzukommen, um schließlich das zu erreichen, was Jacques Lacan die aktive Gabe der Liebe genannt hat: das Sprechen, das Symbolische, der Vertrag, der Name des Vaters, das Heilige. Nur dem ist es zu verdanken, daß es die Geschlechtsgemeinschaft zwischen Männern und Frauen, die es eigentlich nicht geben kann, doch gibt. Und erst diese Ergänzung der sexuellen Beziehung dürfte eigentlich Liebe heißen.

Man könnte die Verschiebung, um die es hier jetzt geht, ikonologisch so fassen: Das christliche Abendmahl hat das antike Symposion überlagert. Eros wird christlich gesehen zum Feind, denn das Begehren wiederholt die Revolte gegen Gott. Und dagegen mobilisiert Paulus eine neue Liebe, die im Kern eine Liebe zu Gott ist. Liebe als Agape hebt die Welt des Begehrens aus den Angeln. Die christliche Agape ist nämlich keine wechselseitige Beziehung, sondern Liebe als Haltung.

Ausdrücklich identifiziert Karl Barth, der große Interpret des großen Interpreten Paulus, die Gestalt dieser Welt, die ja eschatologisch vergehen soll, mit dem Schema des Eros. Das

Bestehende ist gebannt im narzißtischen Rahmen des Begehrens. Und Agape ist der Protest gegen das Eros-Schema. So präsentiert sie der Erste Korintherbrief 13,7–11: Agape, die alles trägt, duldet und das zerstückte Wissen überdauert.

Die große Leistung des Apostels Paulus, die Umwertung der antiken Werte, steckt im Agape-Begriff wie in einer Nußschale. Liebe deinen Nächsten wie dich selbst; ja genauer: Liebe ihn als dich selbst. Wie soll das psychologisch möglich sein? Der Nächste ist doch zunächst einmal mein Rivale. Die Paulinische Lösung ist genial: Ich liebe meinen Nächsten, den Fremden, nur *als Mandatar des unbekannten Gottes*. Und wie Karl Barth zu Recht betont: *Eine direkte allgemeine ‚Nächsten'- und Bruder- oder auch Fernsten- und Negerliebe ist nicht gemeint.*

Im Reich der Agape hat die hellenistische Männlichkeit natürlich keinen Platz mehr; sie wird durchs Ideal der Jungfräulichkeit ersetzt. Und der Himmel, in den uns die liebevolle Sorge um den Nächsten zu führen verspricht, ist von aller Wollust unbefleckt. Wie Jeff Koons pornographische Kunst mit dem Markenzeichen des Himmels zu verkaufen ist deshalb ein unüberbietbares Spitzenprodukt der Gotteslästerung – Made in Heaven.

Es ist nicht schwer, den Preis zu berechnen, den wir für den Übergang von Eros zu Agape zu zahlen haben. Liebe, die nicht auswählt und immer währt, ist wertlos. Freud hat diese Inflation der Liebe im Christentum scharf diagnostiziert. Hinzu kommt, daß die christliche Zurschaustellung der Sünde und ihre traumatische Erfahrung des Fleisches das Sexuelle mit einem untilgbaren Mißtrauen überzogen hat – seither wird unentwegt gedeutet und therapiert. Aber fast noch schlimmer: Durch die christliche Leib-Seele-Unterscheidung hat der Körper an Bedeutsamkeit verloren.

Das ist der zweifellos hohe Preis, den unsere Kultur für die Sprengung des narzißtischen Rahmens aller Erotik gezahlt hat. Aber es gibt kein Zurück aus der Szenerie des Abendmahls in die des Symposions. Nur die Funktion des Heiligen erklärt, wie man aus der Bildverstricktheit der Liebesleidenschaft herausfinden kann. Die Befreiung aus den Seelenkatastrophen des Narzißmus kann nur durch eine übernatürliche Instanz bewerkstelligt werden; ein Dritter, ein Gott, ein Vertrag ist dazu nötig.

Zum Beispiel die Ehe. Wenn sie als dauerhafte und glückliche möglich sein soll, dann liegt ihr Betriebsgeheimnis nicht im erotischen Rausch, sondern in der Selbstbindung an innerliche religiöse Werte. Niemand hat das eindringlicher und genauer formuliert als Max Weber; der altertümliche Klang seiner Worte signalisiert den modernen Abstand von dieser Lebensform. So heißt es in seiner berühmten Zwischenbetrachtung: *Rein innerweltlich angesehen, kann nur die Verknüpfung mit dem Gedanken ethischer Verantwortlichkeit für einander – also einer gegenüber der rein erotischen Sphäre heterogenen Kategorie der Beziehung – dem Empfinden dienen, daß in der Abwandlung des verantwortungsbewußten Liebesgefühls durch alle Nuancen des organischen Lebensganges hindurch: „bis zum Pianissimo des höchsten Alters", in dem Einander-Gewähren und Einander-schuldig-werden (im Sinne Goethes) etwas Eigenartiges und Höchstes liegen könne.*

Daß die katholische Kirche aus der Ehe ein Sakrament gemacht hat, belegt nicht nur unsere These, sondern bezeugt auch die Schwierigkeit des Unterfangens. Diese Schwierigkeit ist unter modernen Lebensbedingungen derart angewachsen, daß man sagen könnte: Es ist komplizierter eine Ehe als einen Krieg zu führen. Das würde jedenfalls erklären, warum viele ihre Ehe als Krieg führen. Immerhin wird auch hier deutlich, daß es keine Harmonie zwischen der Sexualbeziehung und dem Pakt der Ja-Worte gibt.

Die Ehe – Rechnung und Gegenrechnung

Freud hatte ja die Erwartung oder doch Hoffnung, einmal werde sich die Psychoanalyse in Biochemie aufheben. Und heute formuliert Jens Reich unser Thema in der Tat so: *In dem Drüsen- und Nervengewitter in uns, das wir Sexualität nennen, ist die Paradoxie zwischen subjektiver Wahrnehmung und objektivem Sachverhalt auf die Spitze getrieben. Wir sind ganz zweifelsfrei Marionetten unserer Hormonchemie. [...] Eros ist die vom Großhirn abdestillierte Es-*

Die Ehe – Rechnung und Gegenrechnung 17

senz, als die der auch bei uns Menschen ablaufende *Chemismus* wahrgenommen wird. *Es wird als einmaliges, individuelles, subjektives Erlebnis konstruiert, was doch nur die Erfüllung des vom Hormonspiegel Vorgeschriebenen ist.* Man weiß, was daraus folgt: Bei Freud geht die Liebe nicht auf eine Person, sondern auf ein Objekt, das Sexualobjekt. Dieses Sexualobjekt ist, wie Freuds Nachfolger Jacques Lacan betont hat, immer ein Partialobjekt. Wenn die emanzipierten Frauen heute also kein Sexualobjekt mehr sein wollen, könnte ein unbefangener Beobachter fragen: was sonst? Wenn jemand als ganzer Mensch in eine Geschlechtergemeinschaft eingehen möchte, dann muß er sich schon von Kant sagen lassen, daß das nicht geht. Berühmt geworden ist seine Definition der Ehe als Vertrag über den wechselseitigen Gebrauch der Geschlechtsorgane. Im Genuß des Geschlechtsakts *macht sich ein Mensch selbst zur Sache* und widerspricht unweigerlich seinem Menschsein. Genau das meint auch der Begriff Sexualobjekt bei Freud. Und es gibt hier keine andere Erotik des ganzen Menschen, sondern nur die Möglichkeit, das eigentlich Unmenschliche der Sexualbeziehung *unter der Bedingung der Ehe*, also durch Vertrag, erträglich zu machen.

Intimität ist die stabile Illusion geglückter Selbstdarstellung: zwei Selbste versichern sich gegenseitig ihres Selbstwerts. Es ist natürlich höchst unwahrscheinlich, daß sich ein solches Verhältnis auf Dauer stellen läßt. Menschen werden durch die prinzipiell übersteigerten Liebeserwartungen prinzipiell überfordert; aber es gibt Institutionen, die damit umgehen können. Die sexuelle Beziehung muß sich zur Institution der Ehe entfremden, wenn die Partner sich nicht fremd werden wollen. Und es gehört zu den Ironien des Alltags, daß die Ehe hier stark in ihrer Schwäche ist. Die Ehe löst das Problem übersteigerter Erwartungen an die Liebe durch Monotonie – oder wissenschaftlich formuliert: durch reduzierte Information. Mit anderen Worten, in der Ehe verzichten die Partner auf die Optimierung ihrer Selbstdarstellung. Und daraus folgt, daß sich eine funktionierende Ehe fortschreitend als ein Lernprozeß gestaltet, in dem jeder Partner die Enttäuschungen über die Eigenart des anderen verarbeitet.

Doch lohnt sich die Anstrengung? Ehen waren ja nicht primär produktive, sondern reproduktive Einheiten. Und seit Kinder keine Altersvorsorge mehr darstellen, sondern eher Sorgen bis ins höhere Alter bereiten, muß man diese Frage wörtlich, nämlich ökonomisch verstehen. Heiraten „bis daß der Tod euch scheidet", ist die Entscheidung mit den höchsten Opportunitätskosten. Es kann deshalb nicht überraschen, daß immer mehr Leute immer später heiraten; und wenn sie dann heiraten, immer häufiger auf Kinder verzichten.

Wie könnte aber die Gegenrechnung aussehen? Einige Ökonomen zögern hier nicht, den Altruismus der ehelichen Liebe zur Rechengröße zu erheben, um dann die These zu formulieren, daß man in der Liebe nicht nur den Nutzen des eigenen Konsums, sondern auch den des Partners hat. Der wechselseitige Altruismus der Eheleute sorgt also dafür, daß das Gesamtergebnis der ökonomischen Einheit Familie doppelt gezählt wird. Man kann sich diese These am besten verdeutlichen, indem man eine klassische Familie mit den postmodernen Dinks vergleicht. Dinks nennen Populärsoziologen Paare, die beide erwerbstätig sind und deshalb – luxusorientiert – keine Kinder haben wollen; das Kunstwort ist also ein Akronym: *d*ouble *i*ncome, *n*o *k*ids. Da diese Leute von ihren Jobs meist so gestreßt sind, daß sie zu müde sind, um im Bett noch an etwas anderes als an Schlaf zu denken, nennt man sie oft auch DINS: double income, no sex. Diese Dinks maximieren also in der Ehe ihr Einkommen.

Aber eigentlich, so müßte die Gegenrechnung lauten, geht es in der Ehe um die Maximierung des *total martial output,* zu dem gerade auch psychische Güter wie die Freude an eigenen Kindern gehören. Die Rechnung, die die Eheleute den Singles gegenüber aufmachen, lautet: In der Liebe hat man nicht nur den Nutzen des eigenen Konsums, sondern auch den des Partners, gewissermaßen Freude an der Freude des anderen. Liebe heißt ökonomisch betrachtet, daß mir der Konsum des Partners genausoviel Nutzen bringt wie der eigene Konsum. Intimität, die Wertbindung der Ehe und gegenseitige Unterstützung bringen beiden Partnern Gefühlsdividenden.

Die Rollen als Ehepartner und Eltern sind Quellen der

Selbstwertschätzung; sie bieten Belohnung, Status und Chancen der Flucht aus dem Stress des öffentlichen Lebens. Es geht hier um den kathartischen Mehrwert des Familienlebens: die Lizenz zum Sichgehenlassen und das Genießen einer erläuterungsunbedürftigen Existenz. Das Zuhause ist etwas, was man sich nicht erst verdienen muß, hat der Dichter Robert Frost einmal gesagt. Empirische Untersuchungen zum sogenannten Well-being zeigen immer wieder, daß nichts für Glück und Wohlbefinden wichtiger ist, als mit anderen in enger Verbindung zu stehen. Soziale Bindungen schränken aber Freiheit und Autonomie ein. Daraus folgt, daß Glück nicht mit Unabhängigkeit korreliert ist. Eher gilt umgekehrt: Was uns glücklich macht, bindet uns.

Die Gegenrechnung zu dieser Gegenrechnung orientiert sich dann an den Scheidungsstatistiken. Monotonie, hohe Kosten und Streit in der Ehe haben eine hohe Sichtbarkeit. Das schreckt viele davon ab, sich auf dieses moderne Abenteuer einzulassen. Und in der Tat hat die Ehe von allen Lebensformen das größte Konfliktpotential – aber eben auch das größte Glückspotential. All jene Untersuchungen zeigen, daß Einkommen einen sehr geringen, die Ehe dagegen den größten Einfluß auf die Lebenszufriedenheit hat. Trotzdem hängt die Politik der Frauenemanzipation fast völlig an Erwerbstätigkeit, und die Folgen des Zerfalls der Familie werden bagatellisiert.

Nichteheliche Lebensgemeinschaften sind in Ostdeutschland mittlerweile schon in der Mehrheit. Und wo in Deutschland noch Ehen geschlossen werden, kann man sich die Entwicklungsdynamik dieser Lebensform an eindrucksvollen Zahlen verdeutlichen. Der Stiefvater wird allmählich zur Norm. Jedes elfte Kind hat einen Stiefvater, jedes achte Kind hat nur einen Elternteil. Daß solche Lebensverhältnisse die Kinder mit einem Höchstmaß an Instabilität konfrontieren, bezweifelt ernsthaft niemand. Strittig ist nur die Deutung der Effekte. Kinder, die in unstabilen Verhältnissen aufwachsen, lernen, daß man sich nicht auf *einen* Partner verlassen sollte. Töchter alleinerziehender Mütter sehen typisch in Männern keine verläßlichen Investoren; deshalb werden sie später eher sexuelle Kurzzeitstrategien bevorzugen.

Die Apologeten postmoderner, bunter Bastelexistenzen zögern nicht, diese Sachverhalte resolut zu positivieren. Gerade auch in regierungsoffiziellen Verlautbarungen wird der *family breakdown*, der Zerfall der Familie, gesellschaftlich normalisiert. Und konsequent stilisieren sich die Betroffenen, die solche politische Beihilfe zur Selbsttäuschung natürlich dankend annehmen, zu bewunderungswürdigen Modellen eines neuen Lebensstils: der Patchwork-Familie. Sie ist die politisch korrekt verklärte zerbrochene Familie. Elisabeth Beck-Gernsheim geht in ihrem Aufsatz „Auf dem Weg in die postfamiliale Familie" sogar so weit, die Folgen von Scheidungen und anderen dramatischen Trennungsereignissen als Bedingungen „individualistischer" Sozialisation zu verklären: *Wenn es Kindern gelingt, sich mit wechselnden Familienformen zu arrangieren, so heißt dies, sie müssen lernen, Bindungen aufzugeben, mit Verlust fertigzuwerden. Sie lernen früh, was Verlassenwerden und Abschied bedeutet. Sie erfahren, daß die Liebe nicht ewiglich währt, daß Beziehungen enden, daß Trennung ein Normalereignis im Leben darstellt.* So bringt man Kindern den Wert der Bindung an sich bei, indem man ihnen zugleich das Vertrauen in die Treue des konkreten Einzelnen nimmt. Den Lebensstil, der daraus resultiert, nennen die Amerikaner in schönster Paradoxie *living alone together*: zusammen mit anderen allein sein.

Die neuen Verteilungskämpfe

Es ist zur Selbstverständlichkeit geworden, daß die großen politischen Themen der Zukunft demographische sein werden. Die zukünftige Entwicklung Alteuropas und insbesondere Deutschlands wird durch die Dynamik der Bevölkerungsentwicklung geprägt, also durch Geburtenrückgang, steigende Lebenserwartung und Migration. Und gerade die verzweifelten Reformbemühungen der Politik machen die Sollbruchstellen unserer Gesellschaft überdeutlich. Zum einen scheint es kein Mittel gegen die Abwanderung von Ost nach West zu geben; in den Metropolen Alteuropas wächst die Parallelgesellschaft von Migranten. Zum andern ist der Generationenvertrag geplatzt, der das Wohlleben des Alters durch die Produktivität der Jugend garantierte und so durch stabile Rentenzahlungen den Zusammenhang der Generationen wahrte. Daß dieser Generationenvertrag heute platzt, ist nicht nur ökonomisch desaströs, sondern auch kulturell höchst folgenreich: Die Kluft zwischen dem Lebensstil der Eltern und der Kinderlosen wird immer größer.

Hier wird auch deutlich, daß die größten Verteilungskonflikte der Zukunft nicht mehr die Sphäre der Produktion, sondern die Sphäre der Reproduktion betreffen. Uns erwartet nämlich nicht nur ein erbitterter Kulturkampf zwischen Eltern und Kinderlosen, sondern auch ein harter ökonomischer Verteilungskampf zwischen den Generationen. Und mehr denn je scheint auch Nietzsche mit seiner Definition der Liebe recht zu behalten: *in ihren Mitteln der Krieg, in ihrem Grunde der Todhaß der Geschlechter.*

Diesem latenten Kriegszustand zwischen den Geschlechtern versuchen sich immer mehr Menschen dadurch zu entziehen, daß sie die Identifikation mit ihrer Geschlechterrolle verweigern. Frauen wollen nicht mehr „Frauen" und Männer nicht mehr „Männer" sein. Man könnte das Geschlechtsflucht nennen. Sie erspart das Risiko, das darin liegt, daß sich Mann und Frau, um es mit der schönen Formel von Hans Bürger-Prinz zu sagen, auf *das Überraschungsfeld des anderen Leibes* begeben müssen. Durch Geschlechtsflucht passen sich die Menschen einer Gesellschaft an, in der die Spannung zwischen den Geschlechterrollen immer weiter abgespannt wird.

In der klassischen Rollenverteilung zwischen Mann und Frau sorgt die sexuelle Arbeitsteilung dafür, daß der Handel für beide profitabel ist. Die Solidarität der Eheleute, dieses stärkste aller altruistischen Gefühle, entsteht demnach aus der sexuellen Arbeitsteilung. Die Frau übernimmt dabei die emotionale Führung, der Mann die instrumentale. Der eine sorgt sich um die externe, die andere um die interne Grenzerhaltung des Systems Familie. Um hier die Negativfolie der feministischen Kritik zu bemühen: Während die Frau sich um Haus und Kinder sorgt, geht der Mann auf die Jagd.

Es liegt nahe, gegen die biologische Ableitung der sexuellen Arbeitsteilung eine kulturelle Interpretation auszuspielen; doch das führt nicht sehr weit. Denn gerade die strenge Arbeitsteilung zwischen Mann und Frau bringt beiden Vorteile, weil sich jeder Partner auf bestimmte Typen des Humankapitals spezialisieren kann. Wenn aber die Spezialisierung in einer arbeitsteiligen Ehe beiden große Vorteile bringt, weil in beiden Bereichen die Produktivität wächst, dann genügen auch kleine biologische Differenzen im Blick auf Kindererziehung, um die traditionelle Arbeitsteilung zwischen Haushalt und Markt zu begründen: die Frau zu Hause, der Mann auf der Jagd nach dem Profit. Kleinste Differenzen schaukeln sich durch Abweichungsverstärkung zur Opposition der Geschlechterrollen auf.

Doch was geschieht, wenn die Frau nun zum Jäger wird? Die Antwort, die Emil Durkheim schon Ende des 19. Jahrhunderts auf diese Frage gab, leuchtet weit ins 21. Jahrhundert voraus: *Schraubt man die sexuelle Arbeitsteilung unter einen bestimmten Punkt herab, so verflüchtigt sich die Ehe und läßt nur mehr äußerst kurzlebige sexuelle Beziehungen zurück.* Je weniger die sexuelle Arbeitsteilung in der modernen Gesellschaft einleuchtet, desto schwächer wird die ökonomische Reziprozität zwischen Mann und Frau – und desto schwächer werden die Gefühle, die sie aneinander binden.

Früher gab es den Wettbewerb der Männer *um* Frauen; jetzt gibt es den Wettbewerb *mit* Frauen. Und mit jedem Teilsieg in diesem Kampf gegen die sexuelle Arbeitsteilung schwächt sich die Ordnungsleistung der sexuellen Asymmetrie weiter ab. Das macht die Geschlechterrollen von Mann und Frau mehrdeutig. Zumal Männer stehen vor der unlösbaren Aufgabe, dominant aufzutreten und zugleich mit Frauen im Wettbewerb zu stehen. Rollenambiguität aber macht unglücklich – oder doch zumindest unsicher. Da erscheint dann das moderne Abenteuer Ehe leicht als unkalkulierbares Risiko.

Wer sich Sorgen über die demographische Entwicklung Deutschlands macht, scheint sich mit einem Satz des Soziologen Niklas Luhmann trösten zu können: *Im Prinzip ist die Gesellschaft heute von demographischen Vermehrungen oder Verminderun-*

gen der Bevölkerung unabhängig. Dieser ebenso harmlos klingende wie verblüffende Satz beruht aber auf zwei Vorüberlegungen, die uns in unserer Fragestellung gerade nicht weiterbringen. Zum einen betont Luhmann damit lediglich, daß Bevölkerung kein System, sondern eine physikalische Größe, ein statistischer Begriff ist. Und zum andern ist mit Gesellschaft hier Weltgesellschaft gemeint – ein Begriff, der Nationen nicht mehr kennt. Die Weltgesellschaft in ihrem Lauf halten weder Ochs noch Esel auf. Daran gemessen ist Deutschland nur eine Adressenliste und Europa der Geschichtsraum einer bestimmten Semantik. Mit Luhmanns Satz kann man also die Realität „Deutschland" gar nicht in den Blick bekommen; und der Soziologe der Weltkommunikation hätte sicher nicht bestritten, daß es noch kein einziges historisches Beispiel für ein Land gibt, das bei schrumpfender Bevölkerung wirtschaftliches Wachstum erreicht hätte.

Um die Sorge über die demographische Entwicklung Deutschlands zu beschwichtigen, werden in der öffentlichen Diskussion zwei Placebos verabreicht. Zum einen soll Zuwanderung die Kinderlosigkeit der Deutschen kompensieren. Zum andern werden wir alle älter und arbeiten länger. Herwig Birg hat die These, Migration könne die Kinderlosigkeit ausgleichen, in eine Perspektive gerückt, die sehr fraglich werden läßt, ob dies, wenn möglich, überhaupt wünschbar sei. *90 Prozent der Migranten sind sehr schlecht ausgebildet, verdienen unterdurchschnittlich. Somit verringert sich rechnerisch das Pro-Kopf-Einkommen. Zugleich werden die Zuwanderer bereits in wenigen Jahren die Mehrheit der unter 40jährigen in den deutschen Großstädten stellen.* Die Dritte Welt ist also längst bei uns. Und das Stadtbild europäischer Metropolen wie etwa Berlins führt uns schon heute überdeutlich die expansivsten Kräfte der demographischen Entwicklung vor Augen: die europäischen Alten und die muslimische Jugend. Unsere reine Kultur der Sorge provoziert eine Invasion der Fruchtbaren.

Aber auch die zweite These, die Kinderlosigkeit der Deutschen könne dadurch kompensiert werden, daß wir alle älter werden und länger arbeiten, ist bodenlos. Da sie aber einen prominenten Fürsprecher gefunden hat, müssen wir sie näher betrachten. Unstrittig ist die Ausgangsbeobachtung, daß Deutschland überaltert und unterjüngt ist. Diese Bevölkerungsimplosion ist das finstere Generationengeheimnis der Babyboomer, die unsere Gesellschaft nur deshalb überaltern, weil sie sie unterjüngt haben. So schreibt Frank Schirrmacher in seinem Bestseller Das Methusalem-Komplott zu Recht: *Während die Alten leben und nicht sterben, wurden die Jungen, die wir für die Zukunft benötigen, niemals geboren.* Demographisch hätten wir demnach längst einen *point of no return* erreicht. Noch prägnanter formuliert der Autor in einem Artikel seiner Zeitung: *Die Eltern, die heute Kinder in diese Welt setzen müßten, sind niemals geboren worden.*

Nun ist Kinderlosigkeit ein Sachverhalt, den man schlecht sieht; wie man ja prinzipiell nur schwer sichtbar machen kann, was fehlt. Massenweises Altwerden dagegen ist etwas spektakulär Neues. Die Älteren verdrängen die Eltern. Wenn aber die Alten in der Mehrheit sind, dann verwandelt sich die Demokratie in eine Gerontokratie. Und diese Herrschaft der Alten stellt nun sehr listig eine neue Political Correctness in ihren Dienst: den *Kampf gegen den Altersrassismus*. Natürlich leugnet ein intelligenter Autor wie Schirrmacher – Jahrgang 1959 –, mit seinem Methusalem-Komplott ein Manifest der *Eitelkeit von Menschen* vorgelegt zu haben, *die immer bestimmten, was Jugend bedeutet und nun nicht mehr damit leben können, alt zu sein.* Genau dieser Eindruck drängt sich aber einem nicht völlig geneigten Leser – wie gesagt: Jahrgang 1953 – durchaus auf.

Vorbild Methusalem

Doch wie konnte es dazu kommen, daß eine Generation, nämlich die 68er und ihre jüngeren Geschwister, die Baby-Boomer, die Frage nach dem Sinn des Lebens beantworten, indem sie ihn schlicht verzeitlichen? Der Sinn des Lebens: länger leben! Offenbar kann der Mensch seine Sterblichkeit nur ertragen, wenn er sich in eine Form der Unsterblichkeit hineinrettet. Antik war die Form der Unsterblichkeit der Ruhm, der sich durch heldenhafte Taten oder durch große Werke erringen ließ. Achilles und Homer sind in diesem Sinne unsterblich. Christlich war die Form der Unsterblichkeit der Glaube an das ewige Leben im Reich Gottes. Und all jene, denen der Heroismus so fern ist wie die Heilsgewißheit, können unsterblich werden in ihren Kindern. Mit anderen Worten: Die Frage nach dem *Wozu des Wozu* kann man nicht beantworten – aber an seine Kinder weitergeben.

Während große Taten in der modernen Welt fast nur noch von Katastrophentätern vollbracht werden, ist es für wenige durchaus noch möglich, große Werke zu vollbringen. Doch diese Wette auf den kulturellen Ruhm ist schon immer sehr riskant gewesen. *Aut liberi aut libri,* wußten schon die Lateiner; entweder Schriftsteller oder Familienvater. Daß ein verheirateter Philosoph in die Komödie gehöre, war Nietzsches Formel für diesen Sachverhalt. Reiche erobern, Kunstwerke schaffen, an den gnädigen Gott glauben oder Kinder zeugen – so kann man sich der eigenen Unsterblichkeit versichern. Doch für den Bürger der modernen Welt sind Heldentum, Künstlertum und Heilsgewißheit unendlich fern gerückt. Welche Option bleibt ihm dann, wenn er auch noch auf Kinder verzichtet? Wohl nur diese eine: das präzedenzlos lange Leben als Unsterblichkeitsersatz.

Seit sich das Leben des einzelnen nicht mehr rundet, erscheint die Endlichkeit des Lebens ohne Sinn. Nichts ist uns ferner als das Abrahamsche Glück, „alt und lebenssatt" zu sterben. Die Fortzeugung einer Familie überzeugt als Lebenssinn viele schon lange nicht mehr. Die religiösen Antworten auf das Problem des Lebenssinns überzeugen aber auch nicht mehr. So wird der Tod zum Ärgernis. Er ist ja nicht mehr das Tor zu einer besseren Welt; der Sterbende lebt auch nicht mehr in seinen Kindern fort; und er kann sich heute auch nicht mehr als edles Opfer für eine bessere Gesellschaft fühlen. Daß wir sterblich sind, ist heute der peinliche Skandal schlechthin.

Deshalb arbeiten die Alten gegen die eigene Endlichkeit an. Doch wie kann man am Nicht-alt-Sein im Alter konkret arbeiten? Hier setzen alle Techniken an, die darauf zielen, den Körper zu überlisten – also Face-Lifting, Schönheitschirurgie,

Prothesen. Die Zeichen des Alters werden getilgt oder verdeckt, medizinische Hochtechnologien halten die Hinfälligkeit des Körpers in Schach. Das sind verzweifelte Anstrengungen, mit dem kulturellen Problem zu Rande zu kommen, daß das Altern des Menschen heute vom Veralten seines Körpers überholt wird. Im Magazin Der Spiegel heißt es dazu nüchtern: *Versicherungstechnisch gesehen ist das Alter, ebenso wie Schwangerschaft und Geburt, keine natürliche Lebensphase mehr, sondern eine Krankheit.*

„Die Freiheit der Ältesten" lautet der Titel eines großartigen Zeitungsartikels von Paul B. Baltes, dem Direktor des Max-Planck-Instituts für Bildungsforschung, der an das Schicksal der vom Marketing der „jungen Alten" verdeckten *alten Alten* erinnert. Die Hochbetagten des heute so genannten vierten Lebensalters bescheren uns einen enormen Anstieg der Alzheimer-Demenz und erschrecken durch einen dramatischen Schwund an Selbständigkeit und Gesellschaftsfähigkeit. Der Glanz der jungen Alten strahlt auf die alten Alten also gerade nicht ab. *Längeres Leben als solches führt noch zu keiner Verzauberung des Alters.* Und so müssen wir damit rechnen, daß immer mehr Hochbetagte nicht in Würde sterben. Unwiderstehlich scheint die Verlockung, die Frage nach der Qualität des Lebens zugunsten neuer biotechnologischer Möglichkeiten der Verlängerung des Lebens zu ignorieren. Jedenfalls gibt es heute noch kaum Anzeichen, daß die Mahnung von Paul Baltes ernst genommen würde, *nicht nur dem Leben Jahre hinzuzufügen, sondern auch den Jahren Leben.*

Auch bei diesem Thema erreicht die Political Correctness mit ihrer guten Gesinnung wieder das schlechtest mögliche Ergebnis. Altersstarrheit, schwindende Gedächtnisleistungen und zunehmende Geistesschwäche sind im einzelnen schwer zu messen. Wer gleichwohl darauf im Blick auf die Hochbetagten hinweist, sieht sich deshalb rasch in die Ecke des „Altersrassismus" gestellt. Die Differenz der Lebensalter ist heute genauso tabu wie die Differenz der Geschlechter. Wer zu diesen Themen Stellung nimmt und das Scherbengericht der Political Correctness vermeiden will, ist deshalb gut beraten, wenn er der Maxime folgt: Über Frauen und Alte nur Positives!

Das Ärgernis der Endlichkeitserfahrung liegt darin, daß sie uns mit einer ganz entscheidenden Unmöglichkeit konfrontiert. Im Gegensatz zu anderen ökonomischen Ressourcen kann man Zeit nicht akkumulieren. Und die einzige Einheit, die es gibt, ist die des einen Lebens, das man hat. Deshalb wollen viele Leute nicht erwachsen werden, *forever young* bleiben oder das Altsein wenigstens umbenennen. Wer ihnen etwas verkaufen will, spricht sie deshalb als Senioren, ja besser noch als Silver Surfer oder Best Ager an.

Mit der traditionellen Lebensidee, in Würde zu altern, läßt sich das kaum mehr vereinbaren. Und so überrascht es nicht, von Frank Schirrmacher zu erfahren: *Unsere Mission ist es, alt zu werden*. Mit diesem Satz erweist sich Das Methusalem-Komplott als Dokument der vollendeten Würdelosigkeit. Die Baby-Boomer übernehmen den Staffelstab von der 68ern. Schirrmacher, der sich selbst als Vordenker der Babyboomer versteht, droht denn auch schon ein neues Selbstbewußtsein seiner eigenen Generation an, die vor allem lernen müsse *die Geschichte ihrer Siege* zu erzählen. Die zentrale Lebensleistung des Babyboomers wird demnach darin bestehen, sehr alt geworden zu sein.

Die 68er waren die erste „Generation für sich" im Hegelschen Sinn. Sie haben ihre Jugend bis ins Rentenalter hinein erfolgreich vermarktet; und heute schicken sich die Babyboomer schon als 45jährige an, das eigene hohe Alter zu vermarkten. Die Folgelasten dieses Selbstbewußtseins lassen sich jetzt schon recht genau benennen. Die Sorge für die Alten setzt voraus, daß die Jungen immer höhere Steuern zahlen; folglich können sich die Jungen immer weniger Kinder leisten; und folglich schrumpfen die künftigen Generationen noch weiter.

Frank Schirrmacher meint: *die Informationsgesellschaft kann auf die Erfahrungen, das Selbstbewußtsein, das Wissen und die Weisheit der alternden Menschen nicht verzichten*. Das klingt schön, vor allem in den Ohren alter Menschen, ist aber leider zu schön, um wahr zu sein. Seit hundert Jahren weiß man, daß Erfahrungen immer wertloser werden, je weiter sich – modernitätsbedingt – die Schere zwischen Herkunft und Zukunft öffnet. Und Weisheit ist ein Placebo, das man nur verabreichen sollte, wenn man nicht mehr weiter weiß. Daß Schirrmacher selbst nicht an seine Sonntagsrede glaubt, wird übrigens wenig später deutlich, wenn es heißt: *Wir sind tatsächlich in einer singulären Lage, an einem einzigartigen Punkt unserer Entwicklung, dass das Studium der Vergangenheit uns eher verwirrt als orientiert.* Oder: *Es gibt für das, was wir leben werden, kein Rollenvorbild.*

Daß, wie Schirrmacher fordert, die neue Mehrheit der Alten den wenigen Jungen ihr Altern vorleben soll, ist eine kaum verhüllte Drohung, die auch nicht dadurch sympathischer wird, daß sie mit einem Benn-Zitat garniert ist. Das Nachbild, das Das Methusalem-Komplott beim Leser hinterläßt, ist nicht das einer neuen Kultur der schönen, weisen Alten, sondern das einer unfruchtbaren Generation, die sich wie ein riesenhafter Parasit auf die Jungen legt, um sie auszusaugen.

Die Dialektik von Herr und Frau

Die Achtundsechziger sind unser Schicksal. Als Kinder haben sie die ersten Früchte des Wirtschaftswunders genossen; als Jugendliche haben sie Politik und Medien durch ihre „Studentenrevolte" fasziniert; als Erwachsene haben sie die Professoren- und Chefredaktionsstellen unserer Republik dauerhaft besetzt. Heute sind sie bis in die Regierung vorgedrungen und garantieren sich selbst eine luxuriöse Rente, für die alle künftigen Generationen bluten müssen. Zu Recht hat Andreas Kilb in diesem Zusammenhang von *Generationenherrschaft* gesprochen. *Denn in den kommenden zehn Jahren werden just die zwischen 1940 und 1950 Geborenen in den Ruhestand gehen, sofern sie sich dort nicht bereits befinden. Diese Generation hat die höchsten Rentenansprüche in der Geschichte des deutschen Sozialsystems und wahrscheinlich auch aller anderen Sozialsysteme der westlichen Welt angehäuft. Sie kann auf eine fast sechzigjährige Friedensperiode zurückblicken, in der berufliche Karrieren und individuelle Sehnsüchte sich mit einer ungefährdeten Eigengesetzlichkeit entfalten durften, die in der Geschichte der Neuzeit ohne Beispiel ist.* Die öffentliche Sorge gilt heute immer weniger den Kindern und immer mehr den Alten – Stichwort: Pflegeversicherung.

Bekanntlich ist die Bewegung der Achtundsechziger dann nahtlos in den Feminismus übergegangen, und was beide verknüpft hat, ist der Angriff auf die bürgerliche Familie. All das war so erfolgreich, daß sich seither kein ernstzunehmender Konservativismus mehr formieren konnte. Und auch wenn heute in den Sonntagsreden der Politiker wieder viel über die Bedeutsamkeit von Kindern zu hören ist, so sehen sich Eltern, die ihre Kinder tatsächlich in den Mittelpunkt des Lebens rükken, einem sehr abweisenden kulturellen Klima ausgesetzt. Die Kultur der Jobs verachtet die Kultur der Familie. Sehen wir näher zu.

Eine Frau, die arbeitet, ist unserer Gesellschaft heute mehr wert als eine Hausfrau und Mutter. Die höchste Wertschätzung genießt das berufstätige Paar mit ganztägig betreutem Kind. Dann folgt die alleinerziehende, berufstätige Mutter – sie ist die eigentliche Heldin des sozialdemokratischen Alltags. Ihr folgen die Singles bzw. Dinks. Am unteren Ende der Werteskala rangiert die klassische Familie mit arbeitendem Ehemann und Mutter/Hausfrau. Ihr gilt nur noch der Spott der neuen Kulturrevolutionäre, die die Lufthoheit über den Kinderbetten längst erobert haben.

Im Ernst wird auch heute niemand bestreiten, daß Hausfrauen und Mütter Arbeiten verrichten. Aber der Arbeit der Hausfrau fehlt die vertragsmäßige Freiwilligkeit; sie ist keine Arbeitskraft auf dem Arbeitsmarkt – und deshalb wird sie nicht anerkannt. Anerkennung und Würde sind in der modernen Gesellschaft nämlich rigoros über Geld vermittelt. Hausfrauen, Kinder und Alte gelten nichts, weil ihre Zeit nicht in Geld verrechnet wird. Unbezahlte Arbeit zählt nicht als „richtige" Arbeit. Und deshalb verwandelt sich unter Bedingungen von Geldwirtschaft die Hausfrau in eine Frau, die „nur Hausfrau" ist. Die Tagesmutter, die die Kinder anderer Mütter versorgt, arbeitet. Die Mutter, die ihre eigenen Kinder versorgt, geht ihrem Privatvergnügen nach. Das führt zu einer interessanten Paradoxie: Statt Mutter zu sein, arbeiten Frauen erwerbsmäßig, um sich „mütterliche" Dienstleistungen kaufen zu können – und ihre Arbeit besteht oft selbst in „mütterlichen" Dienstleistungen. Diese Lektion haben längst auch die älteren Geschwister gelernt, die sich viel lieber als Babysitter bei fremden Familien ein paar Euro verdienen, als zu Hause auf die jüngeren aufzupassen.

Die traditionelle Mutter/Hausfrau sieht sich heute von einer Fülle hochmoderner Unterscheidungen umstellt, die ihr heiliges Familiengefühl antiquiert erscheinen lassen. Vor allem ist sie ständig mit Frauen konfrontiert, die sich für Produktion, also Karriere, und gegen Reproduktion, also Kinder, entschieden haben. Hinzu kommt eine subtile Regierungspropaganda, die Frauen, die „nur" Mütter und Hausfrauen sind, ein schlechtes Gewissen verpaßt.

Man kann das Schicksal der Familie in der modernen Gesellschaft nur verstehen, wenn man Unterscheidungen unterscheidet. Die Familie monopolisiert hier die Unterscheidung Mann/Frau; und daraus folgt, daß diese Unterscheidung in allen anderen sozialen Systemen dann keine Rolle mehr spielen darf. Deshalb ist es in fast allen Lebenslagen gut begründet, sich an das moderne Gebot zu halten: Ignoriere den Geschlechtsunterschied. Modern soll man das Verhältnis von Mann und Frau als Unterscheidung „als ob nicht" behandeln. Dieses Gebot, das ja ein Unterscheidungsverbot ist, führt aber nicht nur zu der interessanten mystischen Utopie, man könnte in einem Kalkül der Liebe das Unterscheiden völlig außer Kraft setzen, sondern auch zu einer Kaskade neuer Unterscheidungen.

Der Abbau von Leitunterscheidungen wie etwa alt/jung beschert uns statt dessen „junge Alte", das heißt, man unterscheidet Jugend als Wert vom Lebensalter. Und wenn man die Unterscheidung Mann/Frau herunterspielt, hat man es sofort mit Unterscheidungen wie männlich/weiblich oder Frau/Weiblichkeit zu tun. Für einen Beobachter der modernen Gesellschaft ist hier vor allem die heimliche Substitution durch die Unterscheidung Frau als Opfer/Frau als Held der Zukunft interessant. Wir kommen gleich darauf zurück.

Frauen, die diese Unterscheidungspraktiken reflektieren, können natürlich (natürlich!) auch weiblich (weiblich!) darauf reagieren – und das Unterscheiden als typisch männlich ablehnen. Damit plazieren sie sich auf der Seite (der Seite!) der Mystik, d.h. jener Ganzheitserfahrung von Welt, die sich gerade in der Verweigerung des Unterscheidens einstellt; der Mystiker will die Welt nicht verletzen. Aber genau das ist unvermeidlich, wenn man logisch denken will.

Jede Verneinung eines Unterschieds bringt offenbar, gleichsam auf ihrem Rücken, einen neuen Unterschied mit sich. Die Dinks der Nachbarschaft machen uns mit der Unterscheidung Ehe/Kinder vertraut. Natürlich gab es schon immer kinderlose Ehen, aber erst heute wird die natürliche Verbindung zwischen Ehe und Kindern gebrochen. Mit ähnlichen Brüchen sind wir ja längst vertraut. Seit es die Pille gibt, ist Sex ohne Kinder selbstverständlich. Und umgekehrt konfrontiert uns die Gentechnik heute mit der Möglichkeit, Kinder ohne Sex zu haben. Da kann es nicht überraschen, daß in „kulturrevolutionären" Kreisen Schwangerschaft zunehmend als Behinderung behandelt wird.

Wenn sich im Verhältnis von Männern und Frauen die Dialektik von Herr und Knecht wiederholt – und wieder läuft die Emanzipation vom Herrn über Arbeit! –, dann muß man den Hebelpunkt für diese Kräfteverschiebungen bei den Frauen suchen. Hier hatte und hat eine Erfindung soziologisch umstürzende Effekte, die uns so selbstverständlich geworden ist, daß wir ihre kulturgeschichtlich zäsurierende Wirkung gar nicht mehr spüren: die Pille. Sie erzeugt ja eine chemische Schwangerschaft. In der Geschichte des Eros ist sie das wichtigste Stück Anti-Natur. Wie das Ende des Lebens hat damit auch sein Anfang seine Natürlichkeit verloren. Deshalb skandalisieren auch andere Techniken eines Outsourcing der Fortpflanzung kaum mehr – Leihmutter, künstliche Gebärmutter, Ektogenese sind hier die einschlägigen Stichworte. Und angesichts dessen wirkt die Erinnerung daran, daß Babynahrung das Stillen überflüssig gemacht hat, fast schon sentimental.

Bei Kulturanthropologen und Soziologen finden die gesellschaftlichen Folgen der Pille immer stärkere Beachtung. Frauen kontrollierten schon immer die Reproduktion – erst die Pille aber hat sie zu den wahren Türhütern der Natur gemacht.

Gerade deshalb verweigern Männer zunehmend die Verantwortung für die Folgen einer Beziehung. Das wiederum führt zu einer drastisch sinkenden Geburtenrate. Übrigens hatte schon Darwin vorausgesagt, daß der *homo contracipiens* aussterben werde.

Destabilisierte, flexible, also auf Auflösung und Rekombination hin geschlossene Ehen sind schon heute der Normalfall. Und alleinerziehende Mütter gewöhnen uns an den ultramodernen Sachverhalt einer Reproduktion ohne Familie. Seit der Erfindung der Pille sind Kinder nicht ungewollt. Für jeden lautet seither die Grundfrage: Warum gibt es mich überhaupt – und nicht vielmehr nicht. Verschärfend kommt hinzu, daß das deutsche Recht in einer genialen Wendung die Abtreibung als illegal, aber straffrei eingestuft, also das Problem „rechtsfriedlich" geregelt hat.

All das gutzuheißen ist einer der wesentlichen Inhalte der Political Correctness. Und wer hierzu Distanz hält, findet sich rasch in der unangenehmen Nachbarschaft des Papstes wieder. Die moderne Gesellschaft fördert eine Designer-Erotik, d.h. eine maximale Entfernung vom biologischen Erbe der Sexualität. Und nur wer, wie einige Soziobiologen, dieses Erbe für prägender hält als alle modernen Selbstermächtigungsveranstaltungen, wird auf die urgeschichtliche Verknüpfung von Lust und Familienleben hinweisen. Aus dieser Perspektive erscheint dann die Mode der Selbstverwirklichung als die aktuelle Form frigider Unnahbarkeit und der Entschluß, keine Kinder haben zu wollen, als das soziale Äquivalent zum Zölibat.

Das imperiale Selbst

Selbstverwirklichung ist das Opium aller Iche. Man berauscht sich an sich selbst – das Ich nimmt sich selbst als Droge. Anders gesagt: Weil die absoluten Iche der Moderne Bindung brauchen, wird die Individualisierung selbst zur Religion. Was Individualität heißt, ist unter modernen Lebensbedingungen allein Sache des jeweiligen Individuums. Es begründet sich zureichend in dem bloßen Anspruch, ein Individuum zu sein. Damit ist aber das humanistische Definitionsmonopol des Menschen gebrochen. Jeder kann nun nach seiner eigenen Fasson „menschlich" werden. In einer individualistischen Kultur gibt es weder ein Maß des Humanum noch ein Mehr an Menschlichkeit. Individualität kann man nämlich nicht steigern; sie ist ja immer Sache des Individuums.

Ich bin der Willkürgott meiner selbst, der romantisch verzauberte Zufall meiner Entscheidungen. Aber allen geht es so wie mir. Und damit stehen wir vor dem spezifisch modernen Paradoxon der kopierbaren Individualität: das individuelle Allgemeine erweist sich als das allgemeine Individuelle. Das Ziel der Individualität ist ja das Allerallgemeinste – nämlich anders zu sein als alle andern. So muß das Kopieren als Weg zur Einzigkeit gelebt werden. Maßanfertigung als Massenware – nur du trägst diese Jeans.

Doch was auch immer das Individuum entscheidet – die anderen sind schon da. Sei es, daß ich anders sein will als eben: die anderen. Sei es, daß die anderen dasselbe wollen wie ich: eben Individuum sein. In der modernen Gesellschaft herrscht der soziale Rollenzwang, ein Individuum zu sein. Sei unverwechselbar! So lautet die paradoxe Anweisung des Individualisierungszwangs. Und eben diese Paradoxie steckt auch in der Existenzprogrammformel „Selbstverwirklichung". Hier hilft nur der Schein weiter. Doch das Als-ob wird rasch selbst zur stabilen Erlebnisform. Denn wir alle spielen Theater.

Es ist also nicht so, daß die Globalisierung und Universalisierung der westlichen Lebensformen nivellierend wirken würden. Im Gegenteil: Weltgesellschaft steigert die Individualisierung. Deshalb nimmt Quentin Anderson seinem schönen Begriff vom *imperial self* viel von seiner Durchschlagskraft, indem er ihn als Gegensatz zum sozialen System versteht. Es handelt sich aber nicht um einen Gegensatz, sondern um ein Steigerungsverhältnis.

Wie konnte es dazu kommen? Wenn man keine Aufgaben hat, die einen von sich selbst ablenken, wird man sich selbst zum Problem – so entsteht die Sinnkrise und der Therapievorschlag der Selbstverwirklichung. Das eigentliche Problem der Selbstverwirklichung – das hat Hermann Lübbe genau gesehen – liegt also darin, Freiheit in Sinn zu verwandeln. Autonomie ist heute Selbstprogrammierung, also die Aufgabe, sich selbst zu verwirklichen, indem man sich selbst zu Aufgaben herausfordert, die man selbst bestimmt.

All das wäre nicht möglich, wenn es uns die Gesellschaft nicht tatsächlich erlauben würde, die eigene Biographie als Wahl zu konzipieren. Die Kaskade der Möglichkeiten des je eigenen Lebenslaufs läßt sich kaum andeuten. Und das gilt auch für die Beziehung zu anderen. Auch hier herrscht die Logik von Versuch und Irrtum. Die Ehe ist ein Beziehungstest nach dem Prinzip der Wahlverwandtschaft; und die Scheidung versteht sich als Selbsterlösung aus der Beziehungsfalle. Und je mehr die Menschen den Sinn einer Ehe nicht mehr im Aufziehen von Kindern, sondern in der Verwirklichung ihrer Selbste suchen, um so wahrscheinlicher ist es, daß sie sich scheiden lassen. Wenn ich unglücklich verheiratet bin, ist es meine eigene Schuld; die Beziehung war ein Fehler und sollte so schnell wie möglich beendet werden. Partner wie Teams sind auf Wechsel angelegt. Die Grundunterscheidung der Selbstverwirklichungskultur ist also die Geste, mit der das Selbst seine eigene Grenze als unantastbar markiert. Und weil es diese Unantastbarkeit zugleich allen anderen unterstellt, entsteht ein paradoxer Individualisierungszwang. Ganz generell wird einem zugemutet, unverwechselbar zu sein.

Das Problem liegt nun darin, daß die Individuen ihre Überzeugungen überleben. Es gibt nur noch temporäre Gewißheiten, die als Trends zwar Kultstatus bekommen, aber eben nicht mehr zum Rückgrat des Lebens werden können. Schon mit vierzig hat man mehrere Gewißheitshäutungen hinter sich. Ich bin nicht, was ich bin – und die Gesellschaft muß das anerkennen. *Individualität ist Unzufriedenheit*, heißt es lapidar bei Luhmann.

Arbeitende Frauen und Vater Staat

Ich stelle Ansprüche, also bin ich. Und dieser Anspruch auf Ansprüche rechtfertigt auch, daß ich den anderen das Resultat meiner Selbstverwirklichung zumute. Daß das Individuum Anspruch auf Ansprüche hat, zeigt sich übrigens auch darin, daß es den Anspruch geltend machen kann, die Gesellschaft möge ihm bei der Formulierung seiner Ansprüche helfen. Die Therapeuten und Sozialarbeiter helfen dann dem Individuum, zu sagen, wie es an der Gesellschaft leidet.

Das Individuum entsteht in der Selbstbeobachtung seiner Leiden – doch das will gelernt sein. Zum Individuum gehört deshalb der Therapeut, der Berater der Leiderfahrung, der Trainer der Selbsterlösung. Er sorgt dafür, daß sich die Individualität als Dauertherapiebedarf, als permanente Heilungsbedürftigkeit deutet. In der therapeutischen Gemeinschaft wird jeder angeregt, über sich selbst und seine Probleme zu sprechen – unter der Voraussetzung, daß man *nicht nicht* verstanden werden kann. So werden wir alle immer sensibler. Sensibilisierung heißt ja, daß man mehr leidet, obwohl man weniger Grund dazu hat. Das sind die Rahmenbedingungen für eine neue Intimitätskultur, die Barbara Ehrenreich als Flucht aus der Verantwortung charakterisiert hat. Wir sind hier in der Welt des Kindermangels, der destabilisierten Ehen – und der alleinerziehenden Mütter.

Nun, ganz allein sind sie nicht. Wir haben es heute nämlich mit einem neuen Dreieck zu tun: das Kind, die alleinerziehende Mutter – und Vater Staat. Wenn eine Familie in ärmeren Milieus zusammenbricht, tritt der Wohlfahrtsstaat unmittelbar an die Stelle des Vaters, d.h., er verschiebt die finanziellen Lasten vom fehlenden Vater auf den Steuerzahler. Die Mutter-Kind-Beziehung braucht besonderen Schutz; die Sexualbeziehung der Eltern und die sie begleitenden Leidenschaften sind dafür nicht stabil genug. Früher hat der Ernst der Ehe die nötige Stabilität gewährleistet. Seit der Sinn für den Sinn der Ehe schwindet, schützt nur noch der Wohlfahrtsstaat.

In Schweden ist der anonyme Steuerzahler schon ganz selbstverständlich an die Stelle des Ehemanns getreten. Und wie stets bei wohlfahrtsstaatlichen Leistungen muß man damit rechnen, daß der Versuch, den Opfern zu helfen, das Verhalten reproduziert, das solche Opfer produziert. Wer lange wohlfahrtsstaatliche Leistungen bezieht, läuft Gefahr, eine Wohlfahrtsstaatsmentalität zu entwickeln; von Kindesbeinen an gewöhnt man sich daran, von staatlicher Unterstützung abzuhängen. Und je länger man von wohlfahrtsstaatlichen Leistungen abhängig ist, desto unfähiger wird man, für sich selbst zu sorgen.

Das Familiäre wird heute zur Angelegenheit formaler Organisationen. Wohlfahrtsstaatliche Leistungen verringern die Kosten unehelicher Kinder und ermutigen die Frauen, auf einen Haushalt mit dem Vater ihrer Kinder zu verzichten. Und umgekehrt fühlen sich Väter weniger verantwortlich für ihre Kinder. Diese Entlastung von Verantwortung geht Hand in Hand mit der Sentimentalisierung der familiären Beziehung. Gerade weil die Verwaltung zunehmend den Vater ersetzt, wird Vatersein zum freischwebenden Gefühlswert.

Man kann die Tragödie der modernen Familie durch einen einfachen, sich selbst verstärkenden Kreislauf beschreiben. Frauen arbeiten – und wir können es hier dahingestellt sein lassen, warum. Dieses Dahingestelltseinlassen mag natürlich jenen zynisch erscheinen, die zu Recht darauf hinweisen, daß viele Frauen arbeiten, um die eigene oder die Subsistenz ihrer Familie zu sichern. Doch für unsere Analyse der Folgen, die die Erwerbsarbeit von Frauen für die Entwicklung der modernen Familie hat, sind die Fälle, in denen Frauen einem Beruf nachgehen, ohne ökonomisch dazu gezwungen zu sein, eigentlich viel interessanter.

Wir klammern die Frage nach dem Warum hier ein und verfahren rein beschreibend. Im übrigen ist diese Frage nach dem Warum seit Adam Smith vielfach gestellt und zumeist mit dem Hinweis auf Identität, Status und Würde als den eigentlichen Effekten von Erwerbsarbeit beantwortet worden. Zu deutsch: Im Sozial- und Wohlfahrtsstaat ist man häufig nicht in erster Linie deshalb erwerbstätig, weil man natürliche materielle Bedürfnisse befriedigen müßte; vielmehr geht es um Anerkennung. Wir können diese Frage, wie gesagt, dahingestellt sein lassen.

Frauen arbeiten. Deshalb werden Kinder teurer, denn sie kosten nun wertvolle Arbeitszeit. Mit wachsenden Beschäftigungsmöglichkeiten wird es für Frauen immer teuerer, nicht zu arbeiten. Anders gesagt, es wird immer schmerzlicher, Karrierechancen zugunsten der Familie zu opfern. Folglich werden weniger Kinder geboren – und damit schrumpft das gemeinsame Kapital der Eheleute. Daraus folgt nun, daß Scheidungen billiger werden, und deshalb haben wir immer mehr Scheidungen. Damit schließt sich aber der Kreis, denn Frauen müssen nun arbeiten, weil sie sich nicht mehr auf die Ressourcen der Männer verlassen können.

Da kann es nicht überraschen, daß Scheidungen längst ihr negatives Vorzeichen verloren haben. Die Scheidungsrate ist nämlich ein Maß für die ökonomische Unabhängigkeit der Frauen. Und wo Frauen mehr verdienen als ihre Männer, wächst die Scheidungsrate. Frauen, die mehr als ihr Ehemann verdienen, reichen doppelt so häufig die Scheidung ein wie Frauen, deren Ehemänner mehr als sie verdienen. Aber auch hier hat Vater Staat seine Hände im Spiel. Frauen müssen nämlich auch deshalb arbeiten, weil die Ablösung vom Verschuldensprinzip Scheidungen erleichtert. Scheidung meint nicht mehr Schuld, sondern – seit dem Ersten Eherechtsreformgesetz von 1976 – Zerrüttung. Im ebenso unnachahmlichen wie unübersetzbaren amerikanischen Jargon: *no-fault divorce*. Das läßt verheiratete Frauen erst recht zögern, ihren Arbeitsplatz zugunsten von Kindererziehung aufzugeben, denn sie wissen, daß sie einen guten Job brauchen, wenn ihr Partner sie fallenläßt. Je leichter es ist, sich scheiden zu lassen, um so wahrscheinlicher ist es, daß Ehefrauen berufstätig bleiben und den Zeitpunkt des Kinderkriegens hinauszögern – oft, bis es zu spät ist.

Die soziologischen Effekte dieses veränderten Rechtsbewußtseins kann man gar nicht hoch genug veranschlagen. Entscheidend ist nämlich, daß auch bei der Wahl des Partners das spezifisch moderne Bewußtsein wächst, alles, was ist, wäre auch anders möglich – nichts anderes meint der Begriff „Lebensabschnittspartner". Und das heißt eben: es wächst die Zahl der Scheidungen. Auch das führt in einen sich selbst verstärkenden Kreislauf: Geschiedene heiraten Geschiedene, und eine hohe Scheidungsrate macht Scheidungen attraktiver.

Man muß kein Sozialpsychologe sein, um die gesellschaftlichen Folgen dieser Entwicklung zu verstehen. Je leichter es ist, sich scheiden zu lassen, um so geringer ist für jeden der Partner der Anreiz, die Liebe zu nähren und zu pflegen. Wenn es einfach ist, sich scheiden zu lassen, ist man streitsüchtiger und investiert weniger Energie in die Anstrengung, miteinander auszukommen. Man gibt sich nicht mit einem „gut genug" zufrieden, sondern will die Partnerschaft optimieren – mit dem nächsten!

Modernisierung heißt nämlich immer auch: strenge Kalkulation der Kosten. Und Kosten sind nichts anderes als das Maß für das Opfer der alternativen Möglichkeiten. Insofern ist wahre Liebe immer unökonomisch. Wer clever ist, schließt aus den Scheidungsstatistiken, daß es ein zu hohes psychologisches Risiko wäre, alle Gefühle in *eine* Beziehung zu investieren. Deshalb steht am Anfang der heutigen Ehe – und das gilt prinzipiell schon seit der Französischen Revolution – nicht der heilige, sondern der rein juristische Ehevertrag, also die gedankliche Vorwegnahme der Scheidung. Die Ehe ist dann nur noch ein „Lebensabschnitt", der nicht mit dem Tod des Gatten, sondern nach Vereinbarung zweier ökonomisch orientierter Vertragspartner endet. Karl Jaspers notierte schon in den frühen dreißiger Jahren: *Ehe ist vielfach nur der Kontrakt, auf dessen Bruch die Unterhaltspflicht wie eine Konventionalstrafe steht.* Und in der Tat betrachten Juristen die Ehe immer mehr als eine Art Dauerrechtsverhältnis, das aus wichtigen Gründen kündbar ist.

Solche Paare, die ja mit einer hohen Scheidungswahrscheinlichkeit rechnen, haben weniger Kinder, weil sie die Schwierigkeiten antizipieren, die die Betreuung der Kinder nach der Auflösung der Ehe bereiten würde. Das zeigt sich auch deutlich an der starken Korrelation von Kinderzahl und Scheidungswahrscheinlichkeit. Kinderlose Paare lassen sich viel häufiger scheiden als Paare mit zwei oder mehr Kindern; nur drei Prozent aller Scheidungen betrifft Ehen mit vier oder mehr Kindern. Das Eheband wird also durch Kinder deutlich gefestigt.

Und schließlich Vater Staat zum dritten. Frauen arbeiten, weil die staatliche Förderung von Kindertagesstätten es billiger macht, die eigenen Kinder betreuen zu lassen. Damit sind wir bei der aktuellsten Politik, beim neuen Kulturkampf um die Kinder. Als hätte die DDR einen späten ideologischen Sieg errungen, predigen die meisten Politiker heute ganz selbstverständlich die Verstaatlichung der Kinder. Denn Kinderkrippen, Kindertagesstätten und Ganztagsschulen sind nicht als Hilfestellungen für notleidende Eltern, sondern als neue familienpolitische Norm konzipiert. Die Schule wird zum Kinderbetreuungszentrum, in dem die Kinder nicht primär lernen sollen, sondern „integriert" werden. Karl Jaspers hat daran schon vor siebzig Jahren die geistige Situation unserer Zeit abgelesen: *Statt die öffentliche Erziehung als Erweiterung der häuslichen aufzufassen, wird sie zur wesentlichen, und das Endziel ist sichtbar, die Kinder den Eltern fortzunehmen, um sie zu Kindern allein des Ganzen zu machen.*

Die Märkte der Sorge I

Daß die Schule vor allem als Sozialagentur verstanden wird, hat natürlich einen ernstzunehmenden geschichtlichen Hintergrund – in den USA den Rassismus, in Deutschland den Nationalsozialismus. Gerade deshalb ist die Hoffnung, die Schule möge von sozialen Zielen zu Lernzielen zurückfinden, hierzulande nur sehr schwach begründet. Wer es sich leisten kann, schickt seine Kinder in private oder doch wenigstens in konfessionsgebundene Schulen. Und dort findet man immer häufiger die genaue Reaktionsbildung auf die Selektionsangst der Gesamtschulen, nämlich eine Art säkularisierter Prädestinationslehre, die die Schüler ständig daraufhin prüft, ob sie – nicht Zeichen des Heils, sondern: Zeichen des Talents zeigen, das man um keinen Preis verschwenden darf.

Gesamtschulen wollen ja Differenzierung ohne Selektion – das geht aber nicht. Und weil man die Information der Selektion scheut, ruft man nach „Beratung". Die Schule der Zukunft ist einerseits Schmelztiegel für Immigranten, andererseits Dienstleister für eine Art Outsourcing des Familiären. Die Sorge um die Kinder und die Aufmerksamkeit für die Kinder kann man dort gleichsam mieten.

Auch über Kinderkrippen liegt ein positives Tabu. Es ist politisch unkorrekt, auf die Ergebnisse von Kinderpsychologen und Hirnforschern hinzuweisen, die immer wieder betonen, wie bedeutsam intensive Eltern-Kind-Beziehungen im frühen Lebensalter sind. Man darf nicht fragen, wie groß das Risiko einer langen Abwesenheit der Mutter ist. Man darf nicht fragen, ob ein professionelles Als-ob der Liebe zum Kind ausreicht. Hinter diesem Tabu stehen massive wirtschaftliche Interessen. Fürsorge ist zur Ware geworden – bei den Ältesten genau so wie bei den Jüngsten.

Längst prosperieren nicht nur in Amerika die *markets of care*, die Märkte der Fürsorge. Und wie man die Alten in Altersheime, die natürlich nicht mehr Altersheime heißen dürfen, abschiebt, so die Kinder in die Kindertagesstätten. Das zeigt deutlich, daß Kindererziehung heute einen ähnlichen Status wie sogenannte niedrige Hausarbeiten hat – man überläßt sie am liebsten jemand anderem. Dieser Sachverhalt wird im allgemeinen durch das Lob dessen verdeckt, der die Arbeit der Sorge tut, die man selbst auf keinen Fall leisten möchte. So enthusiastisch wie früher Männer ihre Ehefrauen als wunderbare Mütter gelobt haben, so loben heute berufstätige Mütter ihre Babysitter und Tagesmütter über den grünen Klee. Mit dem Lob stellt man sicher, daß die Sorge um das Kind nicht auf einen selbst zurückfällt; denn alles läuft ja bestens.

Eine Mutter, die erwerbsmäßig arbeitet, muß natürlich die Meinung vertreten, daß Kinder nicht durch die eigenen Eltern erzogen, betreut und geliebt werden müssen. Die kinderpsychologische Grundthese lautet dann: Es gibt einen funktionalen Ersatz für die Eltern. Daß es eine große Nachfrage nach dieser Art von wissenschaftlicher Beruhigung gibt, leuchtet unmittelbar ein. Denn eine Mutter, die ganztägig berufstätig ist, kann schlecht die Meinung vertreten, damit ihren Kindern zu schaden. Dagegen werden sich Eltern, die ihrer natürlichen Neigung folgen, die eigenen Kinder mehr zu lieben als alles sonst, das sehr bestimmte Gefühl nicht ausreden lassen, daß keine Serviceleistung der Sorge die emotionalen Ressourcen bereitstellen kann, die ein Kind zu seiner Reifung braucht. In diesem Gefühl können sie sich auf die Erkenntnisse von Anthropologen wie Lionel Tiger stützen, der die soziale Kompetenz reifer Erwachsener für das Produkt einer langen, behüteten, tief emotional gebundenen Kindheit hält.

Die Frage lautet also zunächst einmal, ob man heute überhaupt noch die Frage stellen darf, ob es gut für die Kinder ist, wenn der Staat ihre Mütter ermuntert, erwerbstätig zu werden. Jedenfalls kann man die Debatten, die von einigen Psychologen mit der These, Kinder würden durch die lange Abwesenheit ihrer Mutter beschädigt, angestoßen wurden, nur „wütend" nennen. Um dieser Kontroverse mehr Struktur zu verleihen, wäre es sinnvoll, mit Robert Reich zwischen *custodial care* und *attentive care* zu unterscheiden. Es geht hier um den Unterschied zwischen Aufsicht und Aufmerksamkeit.

Kinderkrippen, Horte, Ganztagsschulen und Tagesmütter bieten zweifellos verläßliche Betreuung. Aber man kann von solchen Einrichtungen natürlich nicht Liebe, Behutsamkeit und Zärtlichkeit erwarten. Den wohlfahrtsstaatlichen Arrangements fehlt die Gefühlsbasis; die Kinder werden hier im wesentlichen wegorganisiert. Man wird deshalb in Zukunft immer häufiger bei Kindern auf ein doppeltes Aufmerksamkeitsdefizit stoßen. Es fehlt ihnen an Aufmerksamkeit – das heißt dann einmal, daß sie nicht genug Aufmerksamkeit z.B. für schulische Aufgaben aufbringen können; zum andern heißt es, daß sie an einem Mangel an persönlicher Zuwendung leiden. Es liegt nahe, zwischen beiden Formen des Aufmerksamkeitsdefizits einen Zusammenhang zu vermuten.

Natürlich müssen arbeitende Mütter schon aus Gründen der Selbstachtung derartige Zusammenhänge leugnen. Hierbei bedienen sie sich einer eleganten Rationalisierungsstrategie. Wer sein Kind einen großen Teil des Tages in Betreuungseinrichtungen wegorganisiert, kann sagen, daß es „Unabhängigkeit" und den Kontakt mit Kindern im gleichen Alter braucht. Man kann rhetorisch sogar noch einen Schritt weiter gehen und das Desinteresse am kleinen Kind dadurch rationalisieren, daß man seine große Unabhängigkeit lobt. Mit anderen Worten: Die arbeitende Frau, die nicht mehr Übermutter sein kann oder will, erfindet zur Selbstentlastung das Überkind. Und die Political Correctness springt ihr sogleich mit einer wunderbaren Sprachschöpfung bei. So gibt es in Amerika neuerdings keine „Schlüsselkinder" mehr, sondern *Children in Self-Care*, sich um sich selbst sorgende Kinder. „Was Kinder brauchen" ist immer das Bild von dem, was Kinder brauchen, das die Eltern brauchen, um ihren Lebensstil zu rechtfertigen.

Die Weltfamilie

Den Märkten der Fürsorge entspricht präzise die Soap im Fernsehen, die uns allabendlich die Familie als Konfektionsware bietet. Früher hat die Familie „Familienleben" produziert; heute konsumiert sie es – als Fernsehunterhaltung. Und interaktives Fernsehen soll bald paßgenau das Fernsehen mit der Familie ersetzen. Es geht hier also um eine sowohl inhaltliche als auch habituelle Ersetzung der Familie durch Soap und interaktives Fernsehen. Ironischerweise gilt das auch für Haushalte, die noch von Familien bestritten werden. Fernsehen entspannt nämlich – und stabilisiert damit die Familie! – gerade dadurch, daß es familiäres Zusammenleben, das ja stets konfliktreich ist, eindämmt. So erbringt das Fernsehen die paradoxe Leistung, Familien zusammenzuhalten, indem es die Familienmitglieder voneinander trennt. Die Familie sitzt beim Abendessen schweigend vor dem Fernseher und schaut einer Familie zu, die sich streitet, lacht und liebt.

Lindenstraße, Marienhof und Gute Zeiten Schlechte Zeiten funktionieren also ähnlich wie Fertiggerichte, Therapie, Berater, Kindertagesstätten und Nachhilfelehrer; sie alle stellen ein *subcontracting* von Familienfunktionen dar. Man muß kein Soziologe sein, um die Folgen dieser Entwicklung weltweit zu beobachten. Pazifismus, Feminismus, Weltmoral und die Religion der Solidarität sind nur verschiedene Formen desselben Prozesses: Das Familiäre emanzipiert sich von der Familie.

Deutschland ist hier deshalb führend, weil das spezifisch deutsche Tabu über die Nation zu einem Kurzschluß zwischen Familiärem und „Menschheit" führt. Man könnte von einer Feminisierung der Öffentlichkeit sprechen.

We are family, hieß ein Slogan der Techno-Generation – die Menschheit als Familie. Dieser Kult der Menschheit harmoniert auf den ersten Blick sehr schön mit den bekannten Tendenzen der Globalisierung. Benjamin Nelson konnte die Entwicklung der westlichen Zivilisation noch in das prägnante Schema *from tribal brotherhood to universal otherhood* bringen, also von der Brüderlichkeit der Klans und Stämme zur Universalität der Andersheit. Doch heute signalisieren Menschheitskult und Kommunitarismus, daß dieses Bild unvollständig ist. Arnold Gehlen hat diesen feministischen Geschichtszeichen in seinem Buch über Moral und Hypermoral die nötige historische Tiefenschärfe gegeben: *Parallel zu der unmeßbaren Verbreitung des Verkehrs über die Welt hin, und unter Ausnutzung der weiten Friedensräume innerhalb der Imperien hat sich auch das Familienethos symbiotischer Friedlichkeit erweitert, wobei es in nachantiker Zeit zunächst durch das Tor religiöser Vorstellungen einzog, sich aber seit dem 18. Jahrhundert ablöste, um nun mit dem Masseneudaimonismus eine neue Legierung einzugehen.*

Die Dynamik der menschenfreundlichen sozialen Bewegungen erklärt sich daraus, daß sich der Mutterinstinkt von der konkreten Familie emanzipiert hat und sich nun großräumig organisiert. Vor allem Intellektuelle genießen das Rousseau-Syndrom: Man sorgt sich um die Erziehung und das Wohlergehen der Kinder im allgemeinen und ignoriert die konkreten eigenen. Charles Dickens hat dieser teleskopischen Menschenfreundlichkeit mit Mrs Jellyby ein literarisches Denkmal gesetzt. Und daß dieser Typus heute lebendiger denn je ist, macht Caroline Links sehr gelungene Verfilmung von Erich Kästners Pünktchen und Anton deutlich. Pünktchens Mutter sorgt sich um die notleidenden Kinder in der Ferne und vernachlässigt das eigene. In solcher Fernethik genießen die Erben Rousseaus heute ihr gutes universalistisches Gewissen.

Die Welt als Familie – obwohl diese Ideologie heute weltweit zu faszinieren scheint, läßt sie sich doch in Deutschland besonders gut beobachten. Die Familie war ja die einzige intakte Institution nach dem Krieg. Hinzu kommt dann das spezifisch deutsche Nachkriegs-Tabu über die Nation. Das führt wie gesagt zu einem Kurzschluß zwischen Familiärem und Menschheit. Der Klan war die präfamiliare Familie; die Menschheit soll nun die postfamiliare Familie sein.

Doch diese Ideologie der Weltfamilie hat auch einen Wahrheitskern. Ein moderner Mensch kann sich nämlich weder als Familienmitglied noch als Staatsbürger, noch als ein „Anderer" in der Welt verstehen. So kommen ihm die Maßstäbe abhanden. Die Welt ist zu groß, die Familie zu klein, die Nation als politische Identitätsformel entwertet. Das sind unleugbare Nebenwirkungen gesellschaftlicher Modernisierung. Die Familien sind, wie Soziologen sagen: segmentär. Deshalb verlieren sie in unserer funktional differenzierten Moderne an Orientierungs- und Bindungskraft. Nicht aber „das Familiäre". Und eben das ist der Grund für den heutigen Menschheitskult: Das Familiäre emanzipiert sich von der Familie. Damit ist die Kulturbühne frei für die Pathosformeln des Pazifismus, die Rhetorik der Weltmoral, die Gesten der Solidarität und die Feminisierung der politischen Öffentlichkeit.

Lebensabschnittspartner

Seit den sechziger Jahren kann man hören: Emanzipierte Frauen wollen weder Hausfrau noch „Sexualobjekt" sein. Aber was sonst? Die Antwort auf diese simple Frage fällt meist tautologisch aus: Emanzpierte Frauen wollen emanzipiert sein. Doch diese Tautologie ist gesellschaftlich höchst folgenreich. Emanzipierte Sexualität widerspricht nämlich der dauerhaften Paarbindung. Und daß Kinder genau daran leiden, ist eines der größten Tabus unserer Zeit. Mit größtem Nachdruck besteht die Political Correctness darauf, daß die Familienstrukturen keinen wesentlichen Einfluß auf das Wohlergehen der Kinder haben. Doch diese These verträgt sich schlecht mit immer wieder bestätigten Befunden der empirischen Sozialforschung, die auf eine starke Korrelation zwischen alleinerziehenden Müttern, Armut, schlechter Schulausbildung und Drogengebrauch hinweisen. Und, so bemerkt Francis Fukuyama mit feiner Ironie, auch die raffinierteste Statistik wird es schwer haben, die Kausalitätsketten zu zerreißen, die diese Phänomene miteinander verknüpfen.

Die sexuelle Orientierung wird heute betrachtet wie die freie Wahl des Konsumenten. Das macht deutlich, daß der spezifisch moderne *spirit of choice* auch die intimsten Lebensbereiche durchdrungen hat. Die freie Wahl des Partners macht aber die Intimbeziehung zum Risiko. Früher hat man es durch „Passion" verdeckt; heute verzeitlicht man es. Die Wortschöpfung „Lebensabschnittspartner", die wir einer unheiligen Allianz von Political Correctness und Bürokratendeutsch verdanken, bringt das perfekt auf den Begriff. Kenneth J. Gergen hat in diesem Zusammenhang von *contained relationships* gesprochen, die gerade durch ihre Begrenztheit attraktiv sind.

Lebensabschnittspartner heißt: die Beziehung ist kontingent, also durch spätere Entscheidung änderbar – mit diesem spezifisch modernen Sachverhalt der Kontingenz aller Lebensverhältnisse machen uns ja auch auch das Curriculum der Schule, das positive Recht oder das politische Programm einer Partei vertraut. Lebensabschnittspartner führen eine Ehe als ob nicht. Und das ist durchaus zeitgemäß. Wir leben länger und lieben kürzer. Ob es sich um den Job, Klamotten oder den Ehepartner handelt – wir wollen alles nur auf Zeit. Der Organisationssoziologe James March hat deshalb von einer Wegwerfwelt gesprochen: *a throw-away world*.

Das Leben verwandelt sich in eine permanente Bewerbung um Jobs und ein ständiges Schaulaufen auf dem Partnermarkt. Und wer die Optionen Kinder oder Karriere abwägt, lernt rasch: Kinder machen mich auf dem Heiratsmarkt weniger begehrenswert; Karriere macht mich begehrenswerter. Je weniger Kinder man hat, um so leichter läßt sich die Ehe auflösen, und um so einfacher ist es für die Geschiedenen, neue Partner zu finden. Schon das zweite Kind reduziert die Chance für eine zweite Ehe dramatisch. Deshalb orientiert sich der karrierebewußte Lebensabschnittspartner eher am Modell des puritanischen „Lebensgefährten" als an dem der romantischen Liebe. Denn nur wenn sich durch die Liebe der eigene Status nicht ändert, kann man ungestraft romantisch sein.

Die Ehe als Institution wurde ja deshalb erfunden, weil Liebe nicht auf Dauer gestellt werden kann. Der Schwur ewiger Liebe war und ist eine kontrafaktische, aber notwendige Behauptung. Für den Augenblick gilt: „ewige Liebe". Und das hat einen guten sozialen Sinn. Liebe hat nämlich die Funktion, den Entscheidungsmechanismus bei der Partnersuche zu verdecken. Man könnte deshalb Verliebtheit als eine Stoppregel für die Partnersuche definieren. Heute verdeckt man die Paradoxie der Liebe zumeist durch Eheverträge, die ein neues Risikobewußtsein signalisieren. Wir können also formelhaft sagen: Lebensabschnittspartnerschaften und Eheverträge sind die beiden Formen der Verzeitlichung des Risikos der Intimität.

Kulturkritiker meinen, daß wir aus Mangel an Liebe konsumieren. Umgekehrt wird aber auch das Liebesleben selbst als eine Form des Konsums erkennbar – die sexuelle Wahl ist eine Form von Marktwahl. Mit anderen Worten, die sexuelle Orientierung wird heute betrachtet wie die freie Wahl des Konsumenten. Nach wie vor ist romantische Liebe *eine* Option. Aber da sie zeitraubend ist und deshalb leicht unökonomisch wird, muß sie marktförmig kontrolliert werden. Deshalb hat der implizite Heiratsmarkt eine größere Bedeutung denn je. Und dort präsentieren sich nicht nur die Unverheirateten, sondern auch die Verheirateten gleichsam als permanent verfügbar. Denn die moderne Ehe hindert die Partner nicht daran, sich ständig mit Lebensalternativen zu beschäftigen. Die Eheleute bleiben ständig offen für befriedigendere Bindungen und signalisieren das dem jeweils anderen als Freiheit zur Scheidung.

Lernen von Pipi Langstrumpf

Früher lebten Männer und Frauen zusammen – aber nach unterschiedlichen Regeln. Heute gelten für Männer und Frauen dieselben Regeln – aber sie leben nebeneinander her wie Parallelen, die sich eben nicht kreuzen. Natürlich haben die Amerikaner dafür längst eine Trendformel gefunden: *living apart together*. Auch das ist eine Folgelast der Modernisierungsprozesse, die die Kluft zwischen evolutionärem Erbe und Standards der Lebensführung immer weiter aufreißen. Ende des 19. Jahrhunderts war es für den Soziologen Emil Durkheim noch selbstverständlich, daß Mann und Frau sich suchen, weil sie sich unterscheiden; die Energie der Beziehung verdanke sich gerade der *Unähnlichkeit der Naturen, die sie vereint*. Heute dagegen schreibt unsere Kultur Männern und Frauen vor, Partner oder Kumpel zu sein – ein mächtiges Tabu liegt über dem magischen Unterschied.

Modern ist es weder denkbar, daß die Gattenwahl heteronom erfolgt, noch daß man bewußt in eine Geschlechterrolle einrastet – obwohl *de facto* natürlich immer noch viele so leben und leiden. Dann bleibt aber nur die Möglichkeit, die eigene Biographie als Reihe von Wahlakten zu konzipieren. Statt Liebesaffären hat man Beziehungen. Ein deutliches Symptom dafür ist die Karriere des Begriffs *commitment*, was man annähernd mit „freiwillige Wertbindung" übersetzen könnte.

So transformiert sich die Ehe vom Sakrament über die Wahlverwandtschaft zum vertraglich geschützten Arrangement von Lebensabschnittspartnern. Sofern man die juristische Form überhaupt noch bemüht, resultieren zwingend Kettenehen. Sie sind längst kein Ausdruck des Scheiterns mehr, sondern als sukzessive Polygamie ein deutlicher Ausdruck von Macht: Man hat eine nach der anderen. Bei bedeutenden Politikern und populären Medienstars erwartet man diesen Lebensstil geradezu.

Jede Emanzipation hat bekanntlich ihren Preis. Den Preis für die Emanzipation der Frauen zahlen die Kinder. Deshalb werden diese zum zentralen Thema der staatlichen Sorge. Nun war es bisher so, daß Kinder, die in die Schule gekommen sind, die erste Erfahrung von Systemdifferenzierung gemacht haben – hier die Familie, dort die Schule. Heute ist es anders: Kinder, die zuhause „Familie" gar nicht mehr erfahren, bekommen die Schule als eine synthetische Familie der Wohltätigkeit verabreicht. Dort predigt man den Kindern den Wert der Beziehung, statt der konkreten Bezugsperson. Liebe dagegen ist die singuläre Referenz zu *dieser* Person mit *dieser* Biographie.

Der Verschiebung von der geliebten Person zur abstrakten Beziehung („soziales Lernen") entspricht präzise, daß sich die Pädagogen nicht mehr als Vorbilder, sondern als Beziehungsarbeiter verstehen. Und abends zuhause treffen die Kinder dann auf moderne Eltern, die sich ihnen anpassen, statt sie zu erziehen. Die Eltern-Kind-Beziehungen werden gleichsam demokratisiert und Autoritätsfragen in der Familie zur Verhandlungssache. Kinder früh zur Selbständigkeit zu erziehen ist die Ausrede, mit der Eltern ihre Schuldgefühle betäuben. Deshalb sind sie so empfänglich für das neue Ideal, das von den erfolgreichen Kinderbüchern unserer Tage zelebriert wird: Kinder, die keine Eltern brauchen.

Daß Kinder ohne Eltern auskommen müssen, ist eine Grundfigur der Kinderliteratur; das weiß jeder, der Tom Sawyer, Pipi Langstrumpf oder Harry Potter kennengelernt hat. Aber nur im Roman ist das so abenteuerlich. Man könnte deshalb fragen, an wen diese Bücher eigentlich adressiert sind. Die Botschaft der meisten aktuellen Kinderbücher entlastet die Eltern: Die Kinder kommen ohne euch prima zurecht! Und soweit Eltern in den Romanen noch vorkommen, werden sie von den Kindern gerettet oder weinen sich an ihren Schultern aus. Ein Verlag wirbt: *Von Kindern, die gut alleine klarkommen.* Beziehungsweise: *Bücher über Kinder, die auch ohne Eltern gut klarkommen.* Und schon vor Jahren empfahl Kentucky Fried Chicken: *Have dinner ready for Mom when she gets home.* Dazu passen natürlich auch die psychologischen Ratgeber, die Eltern beibringen, wie man Kindern beibringt, allein zu Hause zu bleiben – ein gewisser Kevin ist hier stilbildend geworden.

Die Welt der starken Bindungen

Nur Narren können glauben, es gäbe einen Weg zurück. Sozialdemokratie und Feminismus haben die klassische Familie endgültig entheiligt, und dagegen ist kein Roll-back möglich. Doch gerade wenn man einsieht, daß der Kreuzzug gegen die Familie triumphal erfolgreich war, kann man auch erkennen, daß er heute in die Sackgasse eines Imperial Overstretch geraten ist – *frau* hat sich zu Tode gesiegt.

Könnte das die Chance für ein Comeback des Familienlebens sein? Durchaus denkbar, daß die Erfolgreichen des 21. Jahrhunderts das Familiäre als Ressource entdecken; das Familienleben nicht als Idyll, sondern als kooperativer Konflikt; die Familie als Ort der Konvergenz all der gesellschaftlichen Rollen, die man zu spielen hat. Die Ehe besteht ja selbst aus zwei aufeinander abgestimmten Rollen, deren jede für den anderen zugleich Publikum ist. Spieltheoretisch betrachtet, wäre dann die Ehe ein *local game*: Es geht nicht ums Gewinnen, sondern um die Aufrechterhaltung der wechselseitigen Anteilnahme. Die Familie ist der Ort, an dem das Prinzip der persönlichen Vorteilsmaximierung ausgeschaltet ist. Hier gibt es kein Gefangenendilemma.

Die Familie ist die Welt der starken Bindungen. So formuliert noch Hegel ganz selbstverständlich: *die Familie ist nur* eine *Person*; das entspricht exakt der ehegüterrechtlichen Vergemeinschaftung: *quasi una persona*. Dabei integriert das Familienleben zweierlei Liebe: die Liebe der Ehegatten und die Liebe der Eltern zu den Kindern. Die Familie leistet also die künstliche Einheit der natürlichen Unterschiede zwischen Mann und Frau, Jung und Alt.

Die Stärke dieser Bindungen läßt sich nach J. H. S. Bossards Gesetz der Familieninteraktion sogar mathematisch angeben, nämlich mit der Formel $x = (y^2 - y) : 2$, wobei x für die Interaktionsdichte und y für die Personenzahl steht. Konkret ist die Familieninteraktion in einem Verknüpfungsfeld situiert, das sich ergibt, wenn man Männer, Frauen und Kinder kombiniert. Die Verknüpfungen zwischen Männern dienen klassisch der Produktion, die zwischen Männern und Frauen der Reproduktion. Die Verknüpfung von Frauen und Kindern leistet die Sozialisation – während Männer sich auf Kinder sei's autoritär, sei's spielerisch beziehen. Aus der Verknüpfung von Frauen mit Frauen entsteht die außerordentlich bedeutsame Welt des Gossip, also Klatsch und Tratsch, auf die wir noch zurückkommen werden. Und schließlich verbünden sich Kinder mit Kindern zur Peer-Group.

Die Familie ist das System, das die gesellschaftliche Funktion hat, die personelle Umwelt der übrigen Sozialsysteme und damit das Humanvermögen zu reproduzieren und die Solidarität zwischen den Generationen zu sichern. Familie macht menschlich. Ähnlich wie Kirche und Bildungsinstitutionen fördert sie die Moral durch Wirklichkeitsentlastung. Der Soziologe René König hat deshalb von der *zweiten Geburt* des Menschen in der Familie gesprochen; nur hier bildet sich die Persönlichkeit. Wohlgemerkt, es geht hier nicht um die Dialektik von Individuum und Gesellschaft, sondern um die Geburt der Persönlichkeit aus dem Geist der Familie.

Das läßt natürlich all diejenigen kalt, die den Wert einer Kultur nicht am Glück der Leute, sondern am Niveau der Werke ablesen. In der Geschichte des Fortschritts erscheint die Familie nur als Kraft der Trägheit. So heißt es bei Arnold Gehlen: *Ungeachtet des hohen Wertes des familiären Ethos und der Stabilität der Institution Familie muß doch gesagt werden, daß sie niemals der Ort eines bedeutenden Fortschritts gewesen ist. Jede große, neue Weltbewegung hat sich gegen den Familiengeist durchsetzen müssen.* Immerhin räumt Gehlen dem familiären Ethos einen hohen Wert ein. Kann man das konkretisieren? Erstaunlicherweise hat gerade die Kritische Theorie der Frankfurter Schule die wärmsten Worte für dieses Familienethos gefunden. So feiert Max Horkheimer bei aller Kritik des autoritären Charakters bürgerlicher Kleinfamilien *in der mütterlichen Sorge* den Willen zum *Glück des anderen*, also den Vorschein menschenwürdiger Lebensverhältnisse. Und sein Schüler Jürgen Habermas würdigt die *Humanität der intimen Beziehung der Menschen als bloßer Menschen im Schutz der Familie* als Ursprungsphänomen moderner Humanität überhaupt.

Familien bilden die Welt der akzeptablen Ungleichheit: es

werden asymmetrische Opfer gebracht. Kinder aufzuziehen und eine Ehe zu führen, „bis daß der Tod euch scheidet", erfordert aus der Perspektive einer Kosten-Nutzen-Kalkulation irrationale Opfer. Die größten Vorteile starker Familienbindungen kommen nämlich meist nicht denen zugute, die die größten Verpflichtungen auf sich nehmen.

Bei allem, was die Familie betrifft, ist der Hinweis auf Biologisches skandalträchtig. Das gilt für das Verhältnis von Mann und Frau genauso wie für das Verhältnis der Eltern zu ihren Kindern. Wer Partnerschaft aus der biologischen Sexualdifferenz erklärt, beleidigt die emanzipierten Frauen. Wer Elternliebe biologisch erklärt, kränkt all diejenigen, die Kinder adoptiert haben oder Stiefeltern sind. Ohne Rückgriff auf biologische Gründe ist aber kaum zu verstehen, warum Eltern in der Regel so geduldig und großzügig sind; warum sie geben, ohne zu bekommen; warum sie die maßlosen Ansprüche ihrer Kinder ertragen. Und vor allem: warum Eltern die Opfer, die sie für ihre Kinder bringen, für niemand anderen bringen würden.

Vor siebzig Jahren war es für den großen Ökonomen Frank H. Knight noch selbstverständlich, daß die Gesellschaft nicht aus Individuen, sondern aus Institutionen besteht und daß die Familie in ihrer Bedeutsamkeit für die Gesellschaft alle anderen Institutionen überragt. Knight hat deshalb auch vorgeschlagen, den Begriff Individualismus durch Familismus zu ersetzen. Denn was man eigentlich meine, wenn man von fortschreitender Individualisierung in der modernen Welt spreche, sei die wachsende Bedeutung des *parental individualism*. Das Eigeninteresse einer Familie im Verhältnis zu anderen Familien sei größer als das Eigeninteresse eines Individuums im Verhältnis zu einem anderen. Und der Egoismus der Eltern beziehe sich mehr auf die eigenen Kinder als auf sich selbst. Demnach verfehlt die christliche Anweisung, den Nächsten als sich selbst zu lieben, das zentrale Problem. Die Crux bestehe vielmehr darin, die Kinder des Nachbarn zu lieben, als wären es die eigenen.

Die Familie ist, wie die Religion, eines der sozialen Systeme, die unglücklich sind über ihre moderne Autonomie. Wie die

Religion kann auch die Familie ihre funktionale Ausdifferenzierung nicht als Fortschritt erfahren. Man kann heute auch ohne Religion leben. Und man kann eben auch ohne Familie leben. Mit Niklas Luhmanns präzisen Worten: *Einst ausweglose Erlebensform, ist die Familie heute eines der wenigen Funktionssysteme, auf das der Einzelne verzichten kann.* Sie ist in einem radikalen Sinn zur Privatsache geworden. Ich wähle eine Lebensform und erwarte von der Familie Liebe, d.h. daß sie für meine Eigenarten Verständnis aufbringt.

Die Familie hat ihre moderne Gestalt durch Schrumpfungsprozesse gewonnen; d.h., sie hat Modernisierung als Funktionsverlust erfahren. Seit jeder Einzelne in der modernen Gesellschaft Gegenstand permanenter öffentlicher Sorge geworden ist, dringt der Staat immer tiefer in die Privatsphäre vor. Er sorgt für das Existenzminimum, Wohnung, Arbeit, Gesundheit, Erziehung und ein gesichertes Alter. *In gewisser Weise*, bemerkt Jürgen Habermas sehr treffend, *wird also auch die Familie, dieser private Rest, durch die öffentlichen Garantien ihres Status entprivatisiert.*

Die über die Binnensphäre der Intimität hinausreichenden starken Familienbindungen stehen der funktionalen Differenzierung der Gesellschaft im Weg. So verliert die Familie in der modernen Welt immer mehr politische, wirtschaftliche und pädagogische Funktionen; sie ist nicht mehr Schutz- und Herrschaftsverband, aber auch nicht mehr Produktionseinheit im Wirtschaftsprozeß. Deshalb muß sie auf eine neue Stabilitätsgrundlage gestellt werden. Von nun an sorgt die Familie nur noch für Nachwuchs, Sozialisation und Entspannung. Im Kreis der Familie soll das Baby zur Person heranreifen, indem es in eine selbstverständliche Nahwelt der Lebensführung hineinsozialisiert wird. Die anderen Familienmitglieder nutzen diese Welt als Bühne der höchstpersönlichen Selbstdarstellung, auf der sie mit intimem Konsens rechnen können. Das Baby wird im System der Familie rollenfähig, und die Erwachsenen üben sich darin, ihre verschiedenen sozialen Rollen zum persönlichen Stil zu integrieren. Der Soziologe Niklas Luhmann resümiert: *Die Familie ist der einzige Ort, wo alle Rollen eines Menschen zusammen bekannt sind, als persönlich vermittelt dargestellt und über Anforderungen an ihn selbst sozial kontrolliert werden können.*

Was auch die Verächter der familialen Lebensform neidvoll anerkennen müssen, ist die Tatsache, daß Familien verläßlich Gefühle produzieren. Diese Gefühle gelten aber nur wenigen und auf kurze Distanz. Man darf deshalb nicht erwarten, daß die Fähigkeit, große Gefühle zu empfinden, von der Gesellschaft honoriert wird. Eher läßt sich umgekehrt sagen, daß Gefühlsschwäche in der modernen Welt adaptiv ist. Je emotionaler man nämlich an eine Sache herangeht, um so geringer wird die eigene Mobilität und Flexibilität.

Mit anderen Worten, Familiengefühle sind unmodern; sie widerstreiten dem *disembedding* der sozialen Beziehungen und akzeptieren z.B. keinen Geldverkehr zwischen den Mitgliedern. Statt dessen sind Sorge, Nepotismus und asymmetrische Hilfsbereitschaft typisch für Familien. Wenn sie also in der modernen Gesellschaft überleben wollen, müssen sie den Widerstreit von Liebe und Geld, von persönlichen und unpersönlichen Verpflichtungen managen. Das Problem der Erziehung besteht im wesentlichen darin, Geld und Liebe ins Verhältnis zu setzen. Denn Häuslichkeit und Gewinnstreben sprechen unterschiedliche Sprachen. Man kann ja die Familie nicht mehr – wie es die alten Griechen mit dem Begriff *oikos* taten – vom Haus her sehen. Modern tritt an die Stelle des Hauses der Markt.

Die Familie muß sich heute also im Blick auf den Markt und den Staat verstehen. Sie hat es nicht nur mit der Liebe der Ehegatten, Eltern und Kinder, sondern auch mit dem Geld der Wirtschaft und der Macht der Politik zu tun. Und da man niemandem einen Vorwurf machen kann, daß er seine Zeit zumeist dem widmet, was hoch bewertet wird, also dem, wofür Geld bezahlt wird, leidet die Intimität der Familie an einer permanenten Zeithungersnot. Doch auch hier hilft die Political Correctness mit einer genialen Wortprägung weiter. Daß Eltern keine Zeit mehr füreinander und für ihre Kinder haben, soll durch *quality time* kompensiert werden. Man konzentriert seine Liebe auf wenige, sehr intensive Minuten der ungestörten Zuwendung. Das soll offenbar genauso funktionieren wie das *power napping* für diejenigen, die zuwenig Zeit haben, um schlafen zu gehen. Wie für Flugzeuge gibt es heute *time slots* für Zärtlichkeit.

Tagtäglich wird die Familie geviertelt durch die Ansprüche der Arbeits- und Freizeit, der Welt- und Eigenzeit. In diesem Kräftefeld erweist sich moderne Elternschaft als ein Zeitmanagementproblem von unkontrollierbarer Komplexität. Und deshalb ist es nicht unangemessen pathetisch, zu behaupten: Eltern sind die modernen Helden.

Die Stärke schwacher Bindungen

Die Familie als Ort der Konvergenz aller Rollen – das ist auch unter modernen Lebensbedingungen noch möglich, ja vielleicht sogar nötig. Die Familienbindungen müssen auch heute noch stark genug sein, um eine erfolgreiche Sozialisation der Gesellschaftsmitglieder zu gewährleisten – zugleich aber auch schwach genug, um moderne wirtschaftliche Organisationsformen nicht zu blockieren. Und hier stoßen wir auf eine modernitätstypische Paradoxie, die zu entfalten gerade dem Familienmenschen besonders schwer fällt: In den meisten sozialen Systemen sind schwache Bindungen stärker als starke Bindungen.

Mark Granovetter hat diese *strength of weak ties* bei der Untersuchung sozialer Informationsflüsse entdeckt. Formelhaft gesagt: Je intimer eine Beziehung ist, desto weniger informativ ist sie. Man kann die Stärke einer Bindung an Zeitaufwand, emotionaler Intensität und Wechselseitigkeit ablesen. Freundschaft ist eine starke, Bekanntschaft eine schwache Bindung. Nun darf ich mir aber von Bekannten mehr Informationen versprechen als von Freunden, denn diejenigen, mit denen ich nur schwach verknüpft bin, bewegen sich auch in Kreisen, zu denen ich keinen Zugang habe. Umgekehrt bietet Intimität zwar das Maximum an Motivation, aber ein Minimum an Information. Starke Beziehungen wie das Vater-Sohn-Verhältnis, die Ehe, aber auch die enge Freundschaft haben keine

Strukturlöcher, in die sich das Neue, die unternehmerische Idee oder Innovationen einnisten könnten. Deshalb schließen sich Intimität und Effizienz aus.

Läßt sich daraus ableiten, daß die Familie gesellschaftlich „effektiver" wird, wenn die Bindungen zwischen ihren Mitgliedern schwächer werden? Daß dies geschieht, ist unzweifelhaft und leicht zu begründen. Insgesamt kann man sagen, daß der soziale und technische Fortschritt die Familienbande schwächt. In der modernen Welt sind wir mobiler denn je, haben mehr Geld, bessere Versicherungen und eine bessere Gesundheitsfürsorge. All diese unbezweifelbaren Fortschritte in der Lebensqualität vermindern aber zugleich den Anreiz, in engere Familienbindungen zu investieren. Man hat die Eltern, Kinder und Verwandten nicht mehr so nötig wie früher; ja, oft fallen sie zur Last. Die Bindung der Eltern an die Kinder lokkert sich, wenn die Eltern von ihren Kindern keine Unterstützung im Alter mehr erwarten. Die Eltern haben dann nämlich kein gesteigertes Interesse mehr daran, ihren Kindern Dankbarkeit und Schuldgefühle anzuerziehen.

Familien werden einem Netzwerk schwacher Bindungen um so ähnlicher, je selbstverständlicher Scheidungen und Stiefelternschaften werden. Elisabeth Beck-Gernsheim geht sogar so weit, einen positiven *Nettoeffekt* der Scheidung für die betroffenen Kinder zu erwägen. Gemäß jener Logik der *strength of weak ties* spekuliert sie über den *Nutzen von schwachen Bindungen, die dafür ein weites Netzwerk von Verwandten umfassen*. Scheidungskinder verlieren zwar ein paar sehr starke Bindungen, gewinnen aber viele schwache Bindungen hinzu – für Soziologen und Netzwerktheoretiker ist das offenbar ein guter Tausch.

Die Apologeten von Patchwork und Network sehen die bürgerliche Familie in einem Interregnum zwischen dem Nicht-mehr der Klans und dem Noch-nicht der Menschheit. Der Klan war, nach Ferdinand Tönnies genauem Wort, *die Familie vor der Familie*, die Menschheit wäre die Familie nach der Familie. Früher war jeder ein Knoten in einem Netz, dessen Verknüpfungen durch Elternschaft, Generation und Geschlecht definiert waren. Heute dagegen übergreifen die Familien nur noch selten den Generationenzusammenhang. Sobald die Ehe nämlich auf Liebe gegründet wird, verzeitlicht sich die Familie radikal; jede Generation stiftet eine neue.

Damit verändert sich unser Verhältnis zur Verwandtschaft radikal. Für viele ist sie nur noch ein Störgeräusch, das nur deshalb nicht allzu ärgerlich wird, weil die Verwandten knapp werden. In Zukunft haben nämlich die Bürger der westlichen Welt immer weniger kollaterale Verwandte (Brüder, Onkel etc.). Gleichzeitig wird es aber möglich, daß vier oder gar fünf Generationen gleichzeitig leben. Und wir können heute schon beobachten, wie die moderne Gesellschaft darauf reagiert: Das Gefühl der Verwandtschaft emanzipiert sich von den konkreten Verwandten. Aus Verwandtschaft wird Ideologie – oder Therapie. Wie Ideologien als funktionale Äquivalente für Verwandtschaftsbindungen funktionieren, kann man übrigens vom amerikanischen Kommunitarismus genauso lernen wie von den virtuellen Gemeinschaften im Internet. Im Gegensatz zur Blutsverwandtschaft geht es hier nämlich um Gemeinschaft als kommunikative Verknüpfung privater Zellen.

Statt der Blutsverwandtschaft die Wahlverwandtschaft: die Familienmitglieder werden frei gewählt. Vivienne Waller hat dafür die Formel *families of choice* gefunden. Solche reinen Beziehungen um der Beziehungen willen stehen am Gegenpol der sexuellen Arbeitsteilung, die früher Familien zusammengehalten hat. Es geht nicht mehr darum, gemeinsam für Haus und Kinder zu sorgen. Was in den reinen Beziehungen zählt, ist nicht mehr, was man tut, sondern wer man ist. Man entscheidet sich für Kinder (und Verwandte, mit denen man Umgang hat). Zumal nach der Scheidung dominiert dieser Beziehungstyp der Wahlverwandtschaft; sie ist gerade nicht mehr natürlicher Art, und deshalb sprechen einige Propagandisten der Patchwork-Familie auch schon von der Arbeit an der Verwandtschaft.

Die Märkte der Sorge II

Familien produzieren Gefühle. Genauer, nämlich mit dem Ökonomen Gary Becker gesagt, sie produzieren die *family commodity*. Kinder und Geld konkurrieren dabei um die Aufmerksamkeit der Ehepartner. Und um in diesem spröden Jargon der Wirtschaftswissenschaftler zu bleiben: Kinder sind dauerhafte Konsumgüter, die psychische Befriedigung verschaffen. Es gibt eine Menge Güter, die in den Berechnungen des Bruttosozialprodukts nicht auftauchen, z. B. Zahl und Qualität der Kinder, aber auch die sexuelle Befriedigung, Liebe und Gespräche. Das Faszinierende dieser Familiengüter besteht darin, daß man sie konsumieren kann, ohne damit anderen Haushaltsmitgliedern etwas wegzunehmen.

Die Welt der Kinder spielt bei dieser Produktion von Familiengütern natürlich eine Schlüsselrolle, und wir können analog zur Emanzipation des Familiären von der Familie eine Emanzipation des Kindlichen von den Kindern beobachten. Der Wert des Infantilen läßt sich offenbar jenseits der Welt konkreter Kinder noch viel reiner präparieren. Man hält sich Tiere als Pseudo-Kinder, die den Vorteil haben, daß sie immer babyhaft bleiben: hilfsbedürftig, weich, Objekte der Sorge, Waren auf den *markets of care*.

Moderne Menschen verhalten sich zu ihren Haustieren, als ob sie ihre Babys wären, und es bricht ihnen das Herz, wenn den Kleinen etwas Schlimmes widerfährt. Sie bereiten ihnen Mahlzeiten mit einer Sorgfalt, die Kinder neidisch machen könnte; und abends nehmen sie die süßen Pseudo-Kinder mit ins Bett. Solche Pseudo-Eltern verhalten sich nicht anders als kleine Kinder, die ihre Kuscheltiere mit sich schleppen. Genau dort, wo es an Liebe fehlt, warten Teddy und der Dackel. Gerhard Staguhn hat deshalb die Haustiere zu Recht als *lebendige Psychopharmaka* bezeichnet.

Cura, Sorge, Care – diese Dienstleistungswelt wird in Zukunft immer wichtiger werden. Sie verspricht den Menschen, sie aus einer spezifisch modernen Falle zu befreien. Denn einerseits sehnen sich die Menschen nach der Sorge, andererseits entwerten sie fortschreitend genau die Arbeit, die solche

Sorge in der Familie ganz selbstverständlich geboten hat, nämlich die Arbeit der Mutter, Hausfrau und „treusorgenden Gattin". In dieser Sehnsucht nach Sorge geht es aber weniger um körperliche Hinfälligkeit als um seelische Notdurft. Es geht um das, was angelsächsische Zoologen *grooming*, also soziale Fellpflege nennen. Ob man sich vom Friseur pflegen oder vom Masseur verwöhnen läßt, ob Kinder ihre Puppen oder alte Leute ihre Haustiere streicheln – immer geht es um die persönliche Zuwendung von Aufmerksamkeit und „Liebe".

Diese Märkte der Sorge kann man sich als eine Ellipse vorstellen, die um zwei Brennpunkte konstruiert ist. Zum einen natürlich Care als wirtschaftliche Form der Agape. Da geht es darum, liebevoll zu Leuten zu sein, die man nicht liebt. Zum zweiten aber geht es um den Wunsch, sich um jemanden zu sorgen – seien es nun Haustiere, Tamagotchi oder die Natur. In der Welt von Wohlstand und Fürsorge wächst der Wunsch, sich um jemanden oder etwas zu sorgen. Traditionell sorgte man sich um die Kinder und die Alten. Das grüngefärbte Bewußtsein sorgt sich um „die Natur"; das schlechte soziale Gewissen sorgt sich um „die Armen" der Welt; die Unpolitischen, denen Kinder oder Senioren zu anstrengend und soziale oder Umweltprobleme zu komplex sind, sorgen sich um Haustiere; die „fit for fun"-Generation sorgt sich um den eigenen Körper; einsame Kinder sorgen sich um ihr Tamagotchi.

So wächst der Markt für Symbole der Sorge. Und dieser Wunsch, sich zu sorgen, gründet in dem Wunsch, gebraucht zu werden. Hier passen zwei fundamentale Wünsche wie konkav und konvex zusammen: Was mir fehlt, ist, daß ich jemandem fehle. Und: Was mir fehlt, ist persönliche Aufmerksamkeit. Bisher durfte man die Erfüllung dieser Wünsche von der Familie erwarten. Denn nur in der bürgerlichen Familie darf ich erwarten, daß sich die anderen für alles interessieren, was mich betrifft. Nur hier werde ich als ganze Person integriert. Doch immer mehr Menschen suchen diese Wunscherfüllung heute auf den Märkten der Sorge. Man weint sich nicht mehr bei der Mutter aus, sondern beim Psychotherapeuten.

Wir können in der modernen Gesellschaft eine Art *outsourcing* des Familiären beobachten. Was Outsourcing der Familienfunktionen bedeutet, kann man sich an einem einfachen Beispiel klarmachen. Wir feiern Geburtstag. Mutter kaufte früher die Zutaten, also die „sieben Sachen", die man braucht, um einen Kuchen zu backen, und machte den Geburtstagskuchen selbst. Jahre später kaufte Mutter dann den fertigen Kuchen, den wir im Wohnzimmer essen durften, während Vater die Geburtstagsfotos schoß. Heute hat Vater eine Party im Restaurant bestellt, das auf Kindergeburtstage spezialisiert ist. Dort wartet nicht nur der Kuchen, sondern auch ein Clown – Geburtstagsfotos inklusive.

Humanvermögen

Kinder machen zukunftsfähig. In diesem Bewußtsein könnten sich klassische Familien im kalten Krieg gegen den Zeitgeist positionieren und sagen: Wer keine Kinder hat, hat auch kein existentielles Interesse an der Zukunft. Joseph A. Schumpeter hat das am Untergang des klassischen Unternehmers verdeutlicht. Der Kapitalist der bürgerlichen Gesellschaft wurde von der Behauptung seines großen Hauses und seiner Familie angetrieben, d.h., er arbeitete und sparte für seine Frau und seine Kinder. Dieses zentrale *Familienmotiv* ist für den neuen, individualistischen und kinderlosen *homo oeconomicus* nicht mehr nachvollziehbar. Damit geht er aber *der einzigen Art von Romantik und Heroismus verlustig, der in dieser unromantischen und unheroischen Zivilisation des Kapitalismus noch übriggeblieben ist – des Heroismus von* navigare necesse est, vivere non necesse est. *Und er geht auch der kapitalistischen Ethik verlustig, welche für die Zukunft zu arbeiten einschärft, unabhängig davon, ob man die Ernte selbst einbringen wird oder nicht.*

Die tiefste kulturelle Kluft dieser Zukunft könnte zwischen klassischen Familien und kinderlosen Lebensstilen aufbrechen. Man spürt schon heute, daß diese Gruppen sich außer Frechheiten und Beleidigungen nichts zu sagen haben. Hier steht der Zeitgeist der Selbstverwirklichung gegen den Anachronismus einer segmentären Ordnung. Gerade die Stärke der Familie ist nämlich auch ihre Schwäche: die modernitätsuntypische Multifunktionalität. Das macht sie als gesellschaftliches Orientierungsschema ungeeignet – die Welt ist zu groß, die Familie zu klein. Schon deshalb kann es kein gesellschaftspolitisches Programm „Zurück zur Familie!" geben; das fordert denn auch noch nicht einmal der deutsche Hausfrauenverband.

In Joseph A. Schumpeters Hauptwerk über Kapitalismus, Sozialismus und Demokratie von 1942 findet sich ein Kapitel „Zersetzung", das für unser Thema nach wie vor von allergrößter Aktualität ist. Die bürgerliche Familie löst sich auf, *sobald Männer und Frauen die utilitaristische Lektion gelernt haben,* d.h. alle Handlungen und Lebensverhältnisse nach ihrem Nutzen für die persönliche Glücksmaximierung bewerten. *Sobald sie in ihrem Privatleben eine Art unausgesprochener Kostenrechnung einführen, müssen ihnen unvermeidlich die schweren persönlichen Opfer, welche Familienbindungen und namentlich Elternschaft unter modernen Bedingungen mit sich bringen, ebenso wie die Tatsache bewußt werden, daß gleichzeitig [...] die Kinder nicht mehr ein wirtschaftliches Aktivum sind.*

Eltern opfern Geld, Bequemlichkeit und eine Fülle von Genußmöglichkeiten – Opfer, die im Licht der *rationalen Scheinwerfer* moderner Individualität überdeutlich sichtbar werden, während der *Beitrag, den die Elternschaft an die physische und moralische Gesundheit – an die Normalität, wie wir es auch ausdrücken könnten – leistet,* in seiner Alltäglichkeit unterbelichtet bleibt. So zeigt die neuere Stress-Forschung, daß die schmerzliche Erfahrung der Scheidung oder Trennung die Todesrate der Herzkrankheiten extrem ansteigen läßt; diese Menschen sterben buchstäblich an gebrochenem Herzen. Und umgekehrt ist die Ehe als biologische Kooperative, in der man mit seinen Problemen auf Sympathie rechnen kann, eine unverächtliche Quelle auch geistiger Gesundheit.

Wir stehen heute am Ende des von Schumpeter beschriebenen Zersetzungsprozesses und müssen nüchtern konstatieren: Kinder passen einfach nicht in die Welt der modernen Wirtschaft. Und deshalb ist die Gründung einer Familie das moderne Abenteuer schlechthin – die riskanteste Entscheidung un-

Humanvermögen

ter Bedingungen der Ungewißheit. Noch nie war die Frage „Wozu Kinder?" so schwer zu beantworten wie heute. Kinder aufzuziehen ist ökonomisch irrational, weil nur die Kosten für den Unterhalt der Nicht-mehr-Erwerbstätigen kollektiviert werden, während die Kosten für den Unterhalt der Noch-nicht-Erwerbstätigen privatisiert werden. Im ökonomischen Gesamtkalkül des Lebens sind Kinder die größten Fixkosten. Viele Kinder zu haben ist deshalb ein Zeichen von Armut – und Reichtum! Mit anderen Worten, Kinder sind der moderne Luxus, den sich immer weniger glauben leisten zu können.

Junge Frauen sehen sich heute vor der Alternative: Reproduktion, also Kinder, oder Produktion, also Karriere. Und junge Paare sehen sich ganz ähnlich vor der Alternative: Konsum oder Kinder? Diese zweite Alternativität läßt sich allerdings durch einen eleganten Gedankengang der Ökonomen auflösen. Kinder kann man nämlich als dauerhafte Konsumgüter betrachten, die psychische Befriedigung verschaffen. Mit anderen Worten, Kinder sind eine Zeitinvestition, mit der man auf eine gesteigerte Produktion von Lebensfreude spekuliert. Dieses spröde ökonomische Kalkül kann sich übrigens auf anthropologische Einsichten in die prähistorische Verknüpfung von Lust und Familienleben stützen.

Das Bundesfamilienministerium hat 1994 unterstrichen, daß Familientätigkeit und Elternschaft entscheidend zur Bildung und Erhaltung des Humanvermögens beitragen. Man schätzt den Beitrag der Familien zur Humanvermögensbildung auf 6 Billionen Euro. Familien produzieren also nicht nur Familiengüter wie Lebensfreude, sondern sie leisten auch eine unverzichtbare Familienarbeit für die Gesellschaft. Doch nur wenige haben den Mut, das so deutlich auszusprechen wie Franz-Xaver Kaufmann: *Menschen, die Elternverantwortung übernehmen, leisten unentgeltlich Investitionen in das zukünftige Humankapital oder Humanvermögen, Menschen ohne Elternverantwortung nicht.* Deshalb müssen Kinderlose verpflichtet werden, durch Ersparnisse für ihr Alter vorzusorgen. In diesem Sinne hat der Direktor des ifo-Instituts, Hans Werner Sinn, eine allgemeine Rentenkürzung bei gleichzeitiger Honorierung der Erziehungsleistungen gefordert.

Die Kosten der Erziehung und Ausbildung sind Investitionen in das Humankapital. Und ein Kind großzuziehen kostet heute ca. 220 000 Euro. Paradoxerweise werden gerade in der Wohlstandsgesellschaft die Kosten der Kinder prohibitiv hoch. Denn zur Wohlstandsgesellschaft gehört, daß man seinen Konsum aus Reputationsgründen sichtbar macht. Und ein ganz wesentlicher Teil des ostentativen Konsums besteht im *reputable maintenance* eines Kindes. Deshalb sinkt die Geburtenrate mit steigendem Wohlstand. Gerade die Wohlhabenden sehen nämlich in Kindern die Quelle unbestimmt andauernder Kostenbelastungen. Und es geht dabei nicht nur um die direkten Kosten, sondern vor allem auch um die Opportunitätskosten der Kinder: Man verzichtet auf andere Möglichkeiten, z. B. Freizeit, und es entgehen einem Einkünfte. Die Elternrolle hat also buchstäblich einen *biographischen Preis*.

Das Problem Familie dreht sich um die Frage, ob Kinder Sache des Privatkonsums sind. Anders gefragt: Muß man die Haushaltsökonomie nicht endlich wieder in die ökonomische Theorie einbeziehen? Die klassische Ökonomie ignoriert die Haushaltsproduktion. Das hat schon Friedrich List sehr deutlich gesehen: *Ein Vater, der seine Ersparnisse opfert, um seinen Kindern eine ausgezeichnete Erziehung zu geben, opfert Werte; aber er vermehrt beträchtlich die produktiven Kräfte der nächsten Generation. Dagegen ein Vater, der seine Ersparnisse auf Zinsen legt unter Vernachlässigung der Erziehung seiner Kinder, vermehrt um ebensoviel seine Tauschwerte, aber auf Kosten der produktiven Kräfte der Nation.* Und noch deutlicher: *Wer Schweine erzieht, ist ein produktives, wer Menschen erzieht, ein unproduktives Mitglied der Gesellschaft.*

Wer die Scheuklappen der klassischen Ökonomie ablegt, kann aber wissen, daß über die Hälfte der Bruttowertschöpfung in Deutschland unbezahlt erbracht wird – nämlich in Privathaushalten, in der Welt der „Sorge". Jeder Haushalt kann als eine kleine Fabrik betrachtet werden, die im übrigen viel schwerer zu rationalisieren und zu technisieren ist als ein Großbetrieb. Daß wir das aber nicht sehen wollen, hat einen einfachen Grund: Was Frauen im Haushalt und für die Familie tun, zählt nicht als Beitrag zum Reichtum der Nation, weil kein Geld fließt. Und deshalb beobachten wir in der modernen Gesellschaft eine fortschreitende Monetarisierung und Bürokratisierung der Intimität: Ich putze Deine Wohnung, koche Dein Essen, betreue Deine Kinder – gegen Geld. Du tust das gleiche, und so erhöhen wir beide das Bruttosozialprodukt. Man zahlt also für Dienste, die früher zum Familienalltag gehörten. Ob dadurch der Reichtum der Nation wächst, darf bezweifelt werden; in jedem Fall aber gibt es mehr Steuerzahler.

Auf das ökonomische Schicksal einer Familie können weder der Staat noch die Unternehmen nennenswerten Einfluß ausüben. Der Soziologe Niklas Luhmann hat in diesem Zusammenhang die Unbrauchbarkeit der Kapital/Arbeit-Unterscheidung so begründet: *Ob man verheiratet ist oder nicht und ob mit oder ohne Kinder, ob die Frau arbeitet oder nicht und ob man gegebenenfalls noch geschiedene Frauen zu unterhalten hat, ob man in einem ererbten Haus wohnt oder mieten muß – all das wird viel stärker zum ökonomischen Lebensschicksal als die tariflich garantierten Löhne oder gegebenenfalls Versicherungs- und Rentenleistungen.* Weder für die Wirtschaft noch für den Sozialstaat ist Elternschaft ein relevanter Faktor. Sozialstaatliche Leistungen kann man aufgrund von Erwerbsarbeit beanspruchen – nicht aber aufgrund von Erziehungsleistungen.

Erwerbsarbeit ist der gesellschaftliche Attraktor, der alles andere strukturiert. Deshalb müssen Mütter ohne Zeitverzug dem Arbeitsmarkt zugeführt werden; und deshalb wird Ganztagsbetreuung zur gesellschaftspolitischen Norm im Umgang mit Kindern. „Familienfreundlich" heißt dann diejenige Politik, die Ganztagsbetreuung und Ganztagsschulen fördert. Daß Ganztagsbetreuung als Allheilmaßnahme gefordert und gefeiert wird, hat zwei ganz einfache Gründe. Erstens sollen Frauen ungestört erwerbstätig sein, um der Wirtschaft ihre Arbeitskraft zuzuführen; und zweitens sollen eben diese Frauen auch Kinder gebären, damit das Renten- und Gesundheitssystem nicht zusammenbricht. Day Care ermöglicht es den Eltern, Kinder zu haben, als hätte man sie nicht. So tanzen Wirtschaftspolitik und Frauenemanzipation gemeinsam um das goldene Kalb „Ganztagsbetreuung" – und man darf nicht fragen, wie sich das auf die Kinder auswirkt.

Frauen, die statt dessen ihre Kinder lieber selbst erziehen

möchten, „verweigern" sich dem Arbeitsmarkt und sabotieren die Volkswirtschaft, die auf die Leistungskraft der Frauen „nicht verzichten kann". Deshalb ist es tabu, nach der Verträglichkeit von Kinder- und Karrierewunsch zu fragen. Wie dem Puritanismus ist dem Feminismus die Arbeit heilig. Und nichts trifft die Signatur der Gegenwart genauer als Paul Lafargues Formel von der *Religion der Arbeit*. In ihrem Kultzentrum steht heute die unverheiratete, berufstätige Frau. Sie verkörpert die Identität von Emanzipation und Erwerbsarbeit. Und die Politik muß heute erkennen, daß diese Identitätsformel durch erhöhtes Kindergeld allein nicht erschüttert werden kann.

Der Mythos von der Balance

Robert B. Reich, Arbeitsminister in der ersten Clinton-Administration, hat eine spannende Geschichte erzählt. Reich liebte seinen Job so sehr, daß er es gar nicht erwarten konnte, morgens zur Arbeit zu kommen; und nachts verließ er sein Büro nur zögernd. Auch in der Zeit, die er zu Hause verbrachte, dachte er nur an seinen Job – und verlor so jede Beziehung zu seiner Familie. Der Arbeitsminister mußte erfahren, daß es keine *work-life-balance*, keine Harmonie zwischen Arbeit und Familie gibt. Je erfolgreicher man in seinem Job ist, um so länger und härter arbeitet man und um so weniger Zeit und Energie kann man für persönliche Beziehungen erübrigen. Deshalb hat Robert Reich, der Arbeitsminister, seine Arbeit niedergelegt – ein Bild von wunderbarer Symbolkraft.

Je besser ein Job in der modernen Wirtschaft ist, um so deutlicher zeigt sich sein Alles-oder-nichts-Charakter. Entweder man läßt sich von seinem Job konsumieren, oder man arbeitet nur in der zweiten Reihe und verdient erheblich weniger. Je wichtiger die Arbeit, desto weniger kann sie Teilzeitarbeit sein. Deshalb kann man gerade bei den Erfolgreichen keinerlei Neigung zu langem Urlaub, Arbeitszeitverkürzung oder Familienauszeit erkennen. Peter M. Senge hat in diesem Zusammenhang auf einen sich selbst verstärkenden Rück-

kopplungs-Kreislauf hingewiesen: Je mehr Zeit man in die Arbeit investiert, um so größer ist der Erfolg; je größer der Erfolg, um so mehr Möglichkeiten eröffnen sich, die wiederum den Wunsch wecken, mehr Zeit für die Arbeit zu haben.
Der Arbeitsplatz ist überschaubarer als das moderne Leben – deshalb bleiben immer mehr Leute immer länger im Büro. Die Arbeit in der Firma ist einfacher als das Familienleben; man ist am Arbeitsplatz kompetenter als zu Hause – und man bekommt mehr Anerkennung. Das Arbeitsleben ist erfüllter, interessanter, luxuriöser und bunter als das Leben zu Hause. Deshalb wird die Arbeit auch zum eigentlichen Ort des Gemeinschaftserlebens. Das gilt für die Singles genauso wie für die Ehepartner, die den Arbeitsplatz als Refugium vom Stress der Ehe und der Kinder schätzengelernt haben. Daß man noch einen Berg Akten durchzuarbeiten hat, ist eine bequeme Entschuldigung, wenn man es vermeiden möchte, zu Hause auf einen unglücklichen Ehepartner und nervige Kinder zu stoßen. Und je weiter die Deregulierung der Gefühle in der Familie fortschreitet, um so mehr findet man das Gefühl von Sicherheit nur noch am Arbeitsplatz.
Wir haben es hier also mit einer Umkehrung des traditionellen Verhältnisses von Familienleben und Arbeitswelt zu tun. Im 19. Jahrhundert konnte man noch überzeugt sein, daß die Ehe als Institution die Kraft habe, sexuelle Lust und ethische Konstanz miteinander zu vermitteln. So erschien die Familie vielen als Insel der Behaglichkeit in der herzlosen und ungnädigen Welt von Handel und Industrie. Heute sehen es die meisten genau umgekehrt: Es ist viel leichter, ein erfolgreicher Geschäftsmann zu sein als ein guter Ehemann und Vater. Wer sich das Heldentum des Familienlebens nicht zutraut, flieht in die Arbeit.
So steht das Verhältnis von Arbeit und Familie heute auf dem Kopf: Im Büro fühlt man sich zu Hause, und zu Hause wartet die „entfremdete" Arbeit. Die Arbeit wird gesellig, das Familienleben wird taylorisiert. Da es nun in einem von Zeitknappheit geprägten Familienleben immer entschiedener um effizientes Management geht, könnte man von einer Maskulinisierung des Zuhause sprechen – während wir gleichzeitig

eine fortschreitende Feminisierung des Arbeitsplatzes beobachten können, an dem nun Vertrauen, Teamgeist und Kommunikation großgeschrieben werden.

Es ist sehr viel leichter, sich an Arbeit als an freier Zeit zu erfreuen, da die Arbeit durch Aufgaben, Regeln und Rückkopplungen sehr gut strukturiert ist: Man weiß, was zu tun ist. Das Paradies der Arbeit ist Absorbiertheit, wie der Schriftsteller Donald Hall sehr schön sagt. Regelmäßig etwas Notwendiges zu tun, das diszipliniert den Geist, macht zufrieden und gibt einem das Gefühl, von der Gesellschaft gebraucht zu werden. Es ist befriedigend, in dem, was man tut, mit anderen verknüpft zu sein. Insofern beschwichtigt die Berufsarbeit mit ihren Normen und Regeln jenes Unbehagen, das Emile Durkheim Anomie genannt hat.

Produktiv und unfruchtbar

Ein Haushalt wird immer seltener von Verheirateten mit Kindern und immer häufiger von Unverheirateten ohne Kinder gebildet. Frauen ohne Kinder und Männer ohne Kumpels – das sind keine Randgruppen mehr; sie dominieren die moderne Kultur. Früher hat man Frauen verspottet, die keinen Mann hatten. Heute verspottet man Frauen, die keinen Beruf haben. Wenn eine Frau experimentell erproben möchte, wie es sich anfühlt, ausgegrenzt zu werden, muß sie nur auf eine Party gehen und auf die obligatorische Frage, was sie denn so tue, antworten: „Ich bin Hausfrau." Früher war es für Frauen peinlich, keinen Mann zu haben; heute ist es ihnen peinlich, keinen Job zu haben. Früher wurden Mütter anerkannt und alte Jungfern belächelt; heute werden erwerbstätige Frauen anerkannt und Hausfrauen belächelt.

Frauen arbeiten heute nicht mehr für die Liebe, sondern für Geld. Ihre Würde suchen sie nicht mehr in der Verantwortung für die Familie, sondern in der Erwerbsarbeit. Auch ihnen gilt nun die Arbeitslosigkeit im Produktionssektor als das größte Übel. Ihre Arbeitslosigkeit im Reproduktionssektor dagegen gilt als normal. Simone de Beauvoir meinte, Frauen sollten keine Kinder haben, wenn sie dadurch von Erwerbsarbeit abgehalten werden. Ihre Enkelinnen nehmen sie heute beim Wort. Und dabei können sie auch weiterhin des Zuspruchs der Intellektuellen gewiß sein. Wie Hegels Weltgeschichtsphilosophie dem arbeitenden Sklaven die Verwandlung der Welt in ein menschliches Zuhause zugeschrieben hat, so schreibt die sozialdemokratische Political Correctness der arbeitenden Frau die Verwandlung der modernen Gesellschaft in ein menschliches Zuhause zu.

Je erfolgreicher die Wirtschaft und je gebildeter die Frauen, desto unfruchtbarer ist eine Nation. Frauen verdienen mehr und gebären weniger. Die Emanzipation der Frau vollzieht sich als Entwertung der Mutterschaft und der Männlichkeit. Männer und Frauen leben das gleiche Leben. Doch dafür müssen auch und gerade die erfolgreichen Frauen ihren Preis entrichten. Karrierefrauen tendieren nämlich zur genetischen Impotenz. Denn je höher sie auf der Karriereleiter steigen, um so unwahrscheinlicher wird es, daß sie heiraten und Kinder bekommen. Das bedeutet aber, daß sie nur wenig zum Gen-Pool beisteuern.

Die Faustregel lautet: je produktiver, desto weniger reproduktiv. Das gilt natürlich nicht nur individuell, sondern gesellschaftsweit. Industriegesellschaften sind sehr produktiv, aber nur schwach reproduktiv. So erleben wir im Westen seit Jahrzehnten eine reproduktive Depression. Und der Grund dafür ist denkbar einfach: Produktion ist profitabel, Reproduktion ist kostspielig. Die Welt der Reproduktion hat es mit Menschen und Verpflichtungen zu tun; die Welt der Produktion hat es mit Dingen und Dienstleistungen zu tun.

Heute macht sich niemand mehr Sorgen über eine Explosion der Weltbevölkerung. Die demographische Entwicklung nähert sich vielmehr einem weltweiten Gleichgewichtszustand, hinter dem sich aber eine gefährliche Dynamik der Abweichungsverstärkung verbirgt. Die unproduktiven Länder haben zu viele Kinder, die produktiven Länder haben zu wenige. Produktivität und Reproduktivität entwickeln sich offenbar umgekehrt proportional: je produktiver, desto unfruchtbarer; je unproduktiver, desto fruchtbarer. Und in den westlichen Wohlstandsgebieten gewinnt man den Eindruck, daß die Welt der Arbeit, in der es um den Reichtum der Nationen und die Anerkennung der Erwerbstätigen geht, die Welt des Sex, in der es um die Reproduktion der Gattung und die Lust des Lebens geht, in die Irrelevanz abdrängt.

Und wenn doch noch Kinder in die Welt gesetzt werden, sind sie immer häufiger „durchgerechnet". Je produktiver eine Nation nämlich ist, um so teurer wird die Zeit, die man den eigenen Kindern zuwendet. Dadurch wachsen die Kosten der Kinder; große Familien werden immer seltener. Wenn aber – Stichwort Wissensgesellschaft – die Bildung für den Berufserfolg immer wichtiger wird, dann investieren die Eltern immer mehr Geld in immer weniger Kinder. Die Familien haben weniger Kinder, weil sie sie besser ausbilden wollen, um sie fit für die modernen Berufsanforderungen zu machen. *High quality children* nennen das die Amerikaner. Man investiert in Humankapital.

Elterliche Sorge ist kostspielig. Und nur Elternliebe kann es letztlich verhindern, daß die Kosten-Nutzen-Kalkulationen zu ihrem logischen Ende geführt werden. Liebe ist unökonomisch – man braucht viel Zeit. Das gilt für die unendliche Geduld, die man Kindern gegenüber aufbringen muß, genauso wie für die Erkundung der Welt des geliebten Ehepartners. Desmond Morris hatte den fabelhaften Mut, zu sagen, daß die Definition der Ehe als Partnerschaft eigentlich eine Beleidigung der Ehe und ein Mißverständnis der Liebe sei. Das Handeln und Verhandeln, das Geben und Nehmen, das für Partnerschaften so charakteristisch ist, spielt für die Liebe keine Rolle.

Vom Umgang mit Kinderlosen

Man kann in Deutschland über die Bevölkerungsproblematik nicht reden, ohne die Linken, die Frauen und die Rentner zu provozieren. Diese Tabuisierung demographischer Fragen kann sich natürlich noch immer auf das NS-Trauma stützen. Weil die Nazis mit ihrem Phantasma vom „Volk ohne Raum" die Welt terrorisierten, wittern die politisch Korrekten auch in der Inversion *Raum ohne Volk* „völkische Vorstellungen". Und die Feministinnen haben sich in ihr Negativ-Cliché verbissen: Kinder, Küche, Kirche. So stammt denn auch der größte Teil ihrer Beiträge zum Thema „Zukunft der Familie" aus der Gebetsmühle des nachträglichen Antifaschismus gegen die 3 Ks.

Der Autor dieser Zeilen kann sich noch gut an die zentralen Ideologeme seiner Jugend erinnern: 1. Es ist unverantwortlich, Kinder in die Welt zu setzen. Das war nicht nur die Meinung der studentischen Protestszene, sondern gleichsam auch regierungsoffizielles Denken. So hörte man 1979 aus der Planungsabteilung des Bundeskanzleramts: *Kann man den Ländern der Dritten Welt noch glaubwürdig zu Geburtenkontrollen raten, wenn man im eigenen Lande einer pronatalen Politik das Wort redet?* 2. Nie wieder Deutschland! Ob es sich dabei um eine religiöse Verklärung von Kinderlosigkeit und Unfruchtbarkeit, also einen gnostischen Protest gehandelt, oder ob sich doch nur der deutsche Selbsthaß eines nachträglichen Antifaschismus griffige Formeln gesucht hat, können wir dahingestellt sein lassen.

Hier mag die Erinnerung an moderne Gnostiker wie Herbert Marcuse genügen, für die das Glücksversprechen der Perversionen in ihrer Ablehnung der auf Fortpflanzung gerichteten Sexualität lag. Entsprechend erschienen dann Orpheus und Narziß als mythische Heroen der Homosexualität. Das war ein Versuch der Wiederholung der Antike auf der Spitze der Modernität. „Die große Weigerung", diese Pathosformel der Studentenrevolution, war also im Kern der gnostische Protest gegen die zeugende Sexualität: zurück zur Perversionsfreiheit! Unübersehbar ist mittlerweile aus dieser Ideologie Wirklichkeit geworden. Die Politik der aussterbenden Deutschen hat dazu geführt, daß Deutschland heute unfruchtbarer ist als der Rest Europas.

Da Kinderlosigkeit aus den gerade genannten Gründen ein politisches Tabu ersten Ranges ist, hängt die Entwicklung des Themas ganz wesentlich daran, wer dazu das Wort ergreift. Daß es unsere höchsten Repräsentanten getan haben, ist deshalb von nicht zu überschätzender Bedeutung. Schon 1979 forderte Bundespräsident Scheel, die Deutschen sollten sich ihrer Kinder besinnen und für eine „kinderfreundliche Umwelt" sorgen. Seither rätseln führende Politiker über die Ursachen unserer *Kindermüdigkeit*. Bundespräsident von Weizsäcker fragte, ob wir dabei seien, uns Kinder abzugewöhnen. Und Bundespräsident Köhler hat unlängst gefragt, ob wir deshalb so wenig Kinder haben, weil wir nicht mehr an unsere Zukunft glauben.

Doch *Zukunftsverweigerung* ist ein schwierig zu beschreibender Sachverhalt. Wer Deutschland als Avantgarde der Unfruchtbarkeit kenntlich machen will, muß schon ein paar Zahlen bemühen. Gerontokratie und Migration sind sichtbar, Kinderlosigkeit ist fast unsichtbar. Doch die Zahlen sprechen eine deutliche Sprache. 100 Frauen bekommen 66 Töchter, 44 Enkelinnen und 29 Urenkelinnen. Franz Xaver Kaufmann nennt das *Bevölkerungsimplosion*. Die Fruchtbarkeitsrate von 1,2 bei deutschen Frauen ist vor allem des hohen Anteils von Kinderlosen geschuldet. Jede dritte nach 1965 geborene Frau wird wohl kinderlos bleiben. Die meisten Kinderlosen gibt es bei Akademikerpaaren mit einem monatlichen Einkommen von über 4000 Euro. Im Jahr 2000 waren in Westdeutschland über 40% der 35- bis 39jährigen Akademikerinnen kinderlos. Und so entpuppt sich Kinderlosigkeit allmählich als neues Leitbild: die Karrierefrau.

In Deutschland gibt es eine zunehmende Polarisierung zwischen klassischen Familien und alternativen, zumeist kinderlosen Lebensformen. Und hier gilt: je alternativer, desto kinderloser. Das geht bis zur räumlichen Segregation: Die Alternativen wohnen in der City, die Familien im Grünen. Und in den kinderlosen Milieus der Großstädte merkt man bald gar nicht mehr, daß etwas fehlt – nämlich Kinder. Franz-Xaver Kaufmann bemerkt: *Kinderlose finden hier also Bestätigung unter ihresgleichen. Sie haben sich den Umgang mit Kindern buchstäblich abgewöhnt.* Der Anteil der Bevölkerung, der überhaupt keinen Kontakt mit Kindern mehr hat, wächst ständig. Und was Kinderlose an Kindern wahrnehmen, sind die Ärgernisse. Das Befriedigende der Elternschaft bleibt für sie weitgehend unsichtbar.

Früher durfte man auf die unsichtbare Hand der Liebe vertrauen: Die einzelnen suchen das Glück – und reproduzieren dabei die Menschheit. Das funktioniert bekanntlich nicht mehr, und deshalb fehlen uns heute die Kinder, die morgen den Sozialstaat finanzieren sollen. Damit werden die Kinder als öffentliches Gut erkennbar. Genauer gesagt: Wie erkennen heute die Kinderlosigkeit als neue *tragedy of the commons*, als Tragödie des öffentlichen Gutes „Kind". An der Reproduktion, d.h. an der Produktion von Kindern, haben alle ein Interesse, aber kein einzelner hat einen ausreichenden Anreiz, sich an dieser Produktion zu beteiligen. Kinderlose sind die Freerider, die Trittbrettfahrer in der Tragödie des öffentlichen Guts „Kinder". Früher war Kinderlosigkeit ein persönliches Unglück; heute ist sie ein kollektives Unglück.

Das kann aber vernünftigerweise nur eine politische Konsequenz haben: Nicht die Reichen, sondern die Kinderlosen müssen stärker besteuert werden. Es ist ein fataler Webfehler unseres sozialen Netzes, daß Kinderlose die gleichen Versorgungsansprüche erwerben wie Eltern, obwohl sie nichts zur Erziehung der künftigen Beitragszahler beitragen. Die Politik fördert halbherzig die Familien, wagt es aber nicht, mehr von den Kinderlosen zu fordern. Joachim Nawrocki hat das schon vor fast dreißig Jahren klar formuliert: *Ehepaare mit Kindern leisten ja erheblich mehr für die Gesellschaft und die soziale Sicherung der folgenden Generation als kinderlose Eheleute oder Unverheiratete. Zumindest müßte garantiert sein, daß kinderreiche Familien ihren sozialen Status halten können.*

Für den Kinderlosen geht mit dem eigenen Tod die Welt unter. Seine Sorge gilt deshalb auch nur der eigenen Lebensfrist. Mit anderen Worten, die Geschäfte des Kinderlosen sind auf den Zeithorizont der eigenen Lebenserwartung beschränkt – warum sollte er noch investieren, warum sparen? Viel näher liegt die Potlatch-Attitüde: Zum Teufel mit der Zukunft – was zählt ist mein Prestige hier und heute. Schumpeter hat das *Anti-Spar-Gesinnung* genannt. Doch wie gesagt: Man sollte Kinderlose nicht stigmatisieren, sondern besteuern.

Mit dieser Forderung tut man auch denen nicht unrecht, die ungewollt kinderlos bleiben. Natürlich gibt es neben der Kinderlosigkeit als neuer *tragedy of the commons* auch nach wie vor und mehr denn je das persönliche Unglück der Unfruchtbarkeit. So berichtet Der Spiegel: *Die Zahl ungewollt Kinderloser wird immer größer. Derzeit haben schon über zehn Prozent alle Paare in Deutschland Probleme, Kinder in die Welt zu setzen. Das liegt vor allem daran, dass die Gebärwilligen immer älter werden und damit immer häufiger unfruchtbar sind.* Auch in dieser Frage ist die deutsche Politik immer noch in ihrem nachträglichen Antifaschismus befangen und umstellt die Fortpflanzungsmedizin mit Tabus, die jene unglücklichen Paare zu einem entwürdigenden *Fruchtbarkeitstourismus* zwingen. Skandalös ist diese doppelte Moral, nicht jene Steuer.

Die Enteignung der Lebenssorge

Die Familie ist der natürliche Feind der Propaganda des heutigen Zeitgeistes. Dessen Rhetorik präsentiert sich nicht offen familienfeindlich, sondern operiert „wortpolitisch". Natürlich können auch hartgesottene Sozialdemokraten schlecht öffentlich leugnen, daß dort, wo Kinder sind, Familie sein sollte. Doch die sozialdemokratische Rhetorik wendet das Deontische ins Apodiktische: Wo Kinder sind, *ist* Familie. Damit wird der Familienbegriff durchaus geschickt für eine Politik der totalen staatlichen Fürsorge gerettet und zugleich der Sprengsatz entschärft, der für die Politik der „sozialen Gerechtigkeit" in der bürgerlichen Form der Familie liegt. Denn die Familie erlaubt ja gerade ein extremes Ungleichgewicht der Leistungen und eine extreme Ungleichheit der Kompetenzen. Genau das aber ermöglichte einmal jene konkreten persönlichen Generationenverpflichtungen, die der Wohlfahrtsstaat heute durch das Phantom der Solidarität, also *ein abstraktes Verhältnis der kollektiven Haftung aller für alle* ersetzen will. Der Soziologe Helmut Schelsky hat hierin den wichtigsten Grund für den kalten Krieg zwischen Staat und Familien gesehen: *Daseinsvorsorge und Daseinsfürsorge sind – schon von der Bibel her – die wesentlichsten immanenten Sinngebungen des menschlichen Daseins; in-*

dem man sie ‚kollektiviert', d. h. dem Einzelnen und der einzelnen Familie als ihre Uraufgabe wegnimmt zugunsten von großorganisatorischer Betreuung, entmündigt man den Menschen und drängt seine Lebenspflichten und -erwartungen in den Konsum des bloß Gegenwärtigen ab. Der Begriff der Subsidiarität besagt, daß Entscheidungen auf dem unterst möglichen Niveau getroffen werden sollten – der Staat sollte also keine Verantwortung übernehmen, wo Familien eigentlich zuständig sind. Doch der Staat neigt dazu, den Leuten die Entscheidungen zu stehlen. Hildegard Schooß hat sehr schön gezeigt, wie seit den siebziger Jahren die *Professionalisierung der Sozialarbeit, die den zertifizierten Ausbildungsformen und Tätigkeiten einen absoluten Vorrang vor den im Umgang mit Menschen und in der Familie erworbenen Kompetenzen einräumte,* zu einer gesellschaftlichen Marginalisierung der Mütter und Hausfrauen geführt hat.

Es gibt heute keine allgemein anerkannten gesellschaftlichen Normen mehr, die die Mutter verpflichten würden, als *Dauerpflegeperson* für das eigene Kind zu sorgen; und deshalb hat Mutterschaft kein Prestige mehr. Erschwerend kommt hinzu, daß der Staat, der den Frauen Mutterschaftshilfe zukommen lassen möchte, die Mutterschaft eigentlich als Behinderung definieren muß – denn sonst würde die Hilfe andere Frauen und die Männer diskriminieren.

Wie schwierig eine freie Diskussion dieser Sachverhalte ist, wird deutlich, wenn man sieht, daß selbst ein so souveräner Autor wie Friedhelm Neidhardt schon Anfang der siebziger Jahre zu bewußt umständlichen Formulierungen greifen mußte, um die Verpflichtung der Mutter zur Dauerpflegeleistung gegenüber dem eigenen Kind zu begründen: sie sei *biologisch relativ stark prädestiniert, sozial relativ eindeutig feststellbar und moralisch relativ leicht begründbar.* Dieses dreifache „relativ" scheint heute in ein „unplausibel" umgeschlagen zu sein.

Vergiftete „Brüderlichkeit"

Daß es keinen Frieden zwischen Staat und Familien geben kann, hat der große deutsche Philosoph Hegel auf die Formel gebracht, der Bürger gehöre nicht zur Familie. Schon Sophokles hatte ja in seiner Tragödie Antigone die Geschichte des Widerstreits von Staat und Familie erzählt – eine Geschichte, die Hegel dann mit einer brillanten Interpretation in seine Genealogie der modernen Welt eingepaßt hat. Die Antithetik von Staat und Familie zeigt sich unmittelbar, man möchte sagen: natürlich, am Gegensatz von Weiblichkeit und Männlichkeit. Männlich ist das Regierungshandeln, weiblich das Familienleben. Männlich ist das Denken des Allgemeinen, weiblich das Pathos der Individualität. Tragisch wird das Verhältnis nun dadurch, daß die Familie zugleich Element und Bedrohung des Staates ist. Die dialektische Lösung, die Hegel an dieser Stelle bietet, scheint die Politiker bis zum heutigen Tag zu überzeugen: Die *Zerstörung des Gemeinwesens* läßt sich nur durch die *Störung der Familienglückseligkeit* verhindern. Doch die Folgelasten dieses Fortschritts zum Allgemeinen sind erheblich. Denn indem der Staat den Geist der Familie unterdrückt, reproduziert er gerade *durch die unterdrückende Haltung* die Weiblichkeit als *seinen innern Feind*.

Wie also schon Antigone zeigt, gibt es keine Versöhnung zwischen öffentlichen Werten und Familienwerten. Aus der Perspektive des Staates, der Kirche und anderer Hierarchien ist die Familie die subversive Organisation schlechthin. Es ist weniger das Sexualleben der Gatten, das der Kirche Sorgen bereitet, als vielmehr die Gefühlswelt der Elternschaft. Kirche und Staat können es beide nicht dulden, daß eine andere Macht in den Herzen der Menschen regiert. Der Staat kämpft gegen die Familie, weil es der selbstverständliche Wunsch der Eltern ist, das akkumulierte Kapital den eigenen Kindern zu vererben. Das unterläuft aber das Interesse des Staates an Gleichheit. Wer Gleichheit, ja Gleichstellung will, muß das Öffentliche über das Private stellen. Wer die klassenlose Gesellschaft will, muß die Familie kritisieren.

Alle großen religiösen und politischen Bewegungen kämpfen gegen die Familie. Gott und der Staat sind eifersüchtig auf die starken Verwandtschaftsgefühle. So sagt Jesus: *Ich bin gekommen, den Menschen zu entzweien mit seinem Vater und die Tochter mit ihrer Mutter und die Schwiegertochter mit ihrer Schwiegermutter. Und des Menschen Feinde werden seine eigenen Hausgenossen sein. Wer Vater oder Mutter mehr liebt als mich, der ist meiner nicht wert.*

Und doch sollen ja die Kindlein zu ihm kommen. Und doch braucht der Staat ja die Kinder, an die er die Schulden, die er heute macht, morgen adressieren kann. Also braucht man Frauen, die Kinder gebären. Doch könnte man das Kinderkriegen nicht von der Aufzucht der Kinder trennen? Könnte man nicht das *bearing* den Frauen, das *caring* aber dem Staat überlassen? Das ist bekanntlich die Idee des Kibbuz, in der sich der Kampf gegen die Kernfamilie modellhaft zugespitzt hat. Bis zur Geschlechtsreife werden Kinder der gleichen Altersgruppe gemeinsam von Lehrern und Kinderfrauen erzogen.

Diese Idee geht auf Platon zurück, der als Urvater einer Staatsphilosophie gelten kann, die in der Familie das Haupthindernis sozialer Gerechtigkeit sieht. Im fünften Buch über den Staat fordert er, *daß diese Weiber alle allen diesen Männern gemein seien, keine aber irgendeinem eigentümlich beiwohne und so auch die Kinder gemein, so daß weder ein Vater sein Kind kenne, noch auch ein Kind seinen Vater.* Seither hat jede kommunistische Zwangsbeglückung dafür Sorge getragen, daß die Frauen von Haushalt und Kinderbetreuung befreit werden. Solange die Menschen noch „meine Eltern" oder „meine Kinder" sagen, ist das Reich der Freiheit noch nicht erreicht.

Ferdinand Mount hat die Frage gestellt, warum die Intellektuellen die Familie so sehr hassen. In jedem Fall ist deutlich zu sehen, daß Künstler und Intellektuelle im 20. Jahrhundert die vakant gewordene Stelle der Familienkritik von den Kirchenfürsten des Christentums und des Kommunismus übernommen haben. Für Marinetti ist das Familiengefühl primitiv, animalisch und idiotisch; für Sir Edmund Leach ist die Familie die Quelle allen Unbehagens in der Kultur. Und André Gide ruft nur noch: *familles, je vous hais!*

In der Tat scheinen sich große Kulturleistungen nicht mit

einem glücklichen Familienleben zu vertragen; die großen Dichter und Denker waren und sind oft Junggesellen oder Homosexuelle. Und schon Nietzsche konnte sich einen verheirateten Philosophen nur noch in einer Komödie vorstellen. Wahrhaft menschliches Leben ist für Intellektuelle immer öffentliches Leben. Und wie selbstverständlich setzen sie die Wertung durch, daß öffentliche Güter besser sind als private; daß die Sorge um das öffentliche Wohl edler ist als die Sorge für die eigene Familie. Man kommt dann gar nicht erst auf den Verdacht, daß die Intellektuellen vielleicht vor den Managementproblemen des Familienlebens in die Öffentlichkeit fliehen.

Der kalte Krieg zwischen Familienwerten und öffentlichen Werten wird allerdings nur selten wie bei Gide mit offenem Visier geführt. Man kann aber, und zwar schon seit Platon, die Feinde der Familienwerte sehr leicht an ihrem Freundschaftskult erkennen. Er hatte stets die Pointe, daß die jeden Egoismus transzendierende Freundschaft gerade nicht auf die Mitglieder der eigenen Familie bezogen werden könne. So war auch Christus der wahre Freund, dem zu folgen gerade bedeutete, die eigene Familie im Stich zu lassen. Erst die Puritaner hatten den fabelhaften Mut, die christliche Nächstenliebe zu Hause beginnen zu lassen und die Ehe als eine Art Gottesdienst zu glorifizieren. Benjamin Nelson hat das als entscheidende Weichenstellung für den Erfolg der protestantischen Ethik in der kapitalistischen Welt erkannt: *Die Puritaner erfaßten ganz richtig, daß, solange Freundschaft und Freundeskreise in höchstem Ansehen standen, keine Möglichkeit bestand, eine Heiligung der besonderen Liebe in der Familie zu erreichen.*

Die moderne Gesellschaft hat den Menschen nicht nur Freiheit und Gleichheit, sondern auch Brüderlichkeit versprochen. Daß alle Menschen Brüder werden, gilt auch heute noch als gute Utopie. Doch wenn man nach dem Schicksal der Familie in der modernen Gesellschaft fragt, wird rasch deutlich, daß diese Brüderlichkeit ein antifamilialer Kampfbegriff ist – der pathetische Inbegriff aller anti-familiären Bande. Nichts ist der Intimität der Familie feindlicher als die Brüderlichkeit der Kameraden, Kommunen, Kirchen und Staaten.

In intimen Beziehungen geht es um Ansprüche an eine Person, die von dieser Person anerkannt werden und von keiner anderen erfüllt werden können. Intimität heißt nämlich unersetzbar sein. In leidenschaftlicher Liebe gibt es für die Geliebte keinen Ersatz. Diese starken Bindungen werden in der Universalität der Brüderlichkeit systematisch geschwächt. Brüderlichkeit meint Brüder als Andere, gleichsam die Familie ohne Vater und Mutter. Aus konkreten Brüdern und Schwestern wird Brüderlichkeit als *universal otherhood* und menschheitsliebende Solidarität.

Das läßt sich historisch präzisieren. Seit Benjamin Nelsons großartigem Essay The Idea of Usury kann man Modernität nämlich als raffinierte Antwort auf die biblische Frage verstehen, ob ich von meinem Bruder Zins nehmen darf. Calvin bricht mit der scholastischen Auffassung, Geld sei steril. Geld vermittelt nun nicht nur die Kommunikation mit den Fremden, sondern auch mit den brüderlichen Anderen. Alle Menschen werden Brüder, weil auch die Brüder, von denen ich Zins nehme, Andere geworden sind. Damit wandelt sich Brüderlichkeit – von Calvin bis zur Französischen Revolution – zum Universale, und ihr Klartext lautet: Wettbewerb auf dem Markt. Das ist der präzise Sinn des Untertitels von Nelsons Essay: From Tribal Brotherhood to Universal Otherhood.

Die moderne Welt entfaltet die Paradoxie der Stärke schwacher Bindungen und der Schwäche starker Bindungen. Intimität und Familiengeist vertragen sich weder mit den Kontrakten und Netzwerken der modernen Märkte noch mit dem Individualismus und Universalismus moderner Demokratien. Wer unter diesen Bedingungen eine Familie gründet, tut es „trotzdem". In einem ganz unspektakulären Sinn sind Eltern heute Helden.

Schöne neue Frauenwelt

Bleibt uns also nur die tragische Wahl zwischen einem anachronistischen „Zurück zur Familie" und der sozialistischen Verstaatlichung der Kinder? Oder gibt es Anzeichen für einen dritten Weg? Gegen die traditionelle Trennung von Firma und Familie hoffen viele Frauen heute auf eine neue Einheit von Beruf und Privatleben. Sie verstehen das Familiäre als Ressource, nicht als Hemmnis. Und diese Kraftquelle könnte immer wichtiger werden, seit der an der Metapher der Karriereleiter orientierte Lebensentwurf typisch scheitert. Das Berufsleben folgt nicht mehr einem klar formulierbaren Programm; statt dessen gibt es dann nur noch eine Patchwork-Identität. Ihre entscheidende Tugend ist Spannkraft. Und hier haben Frauen einen evolutionären Vorteil, weil sie immer schon ein diskontinuierliches, kontingentes Leben gelebt haben.

Intelligente, gemäßigte Feministinnen kennen nicht nur den Preis, den Hausfrauen dafür zahlen, nicht erwerbstätig zu sein, sondern auch den Preis, den Karrierefrauen dafür bezahlen, kein Familienleben zu führen. Natürlich kämpfen sie gegen die sexuelle Arbeitsteilung, aber die Heilsformel lautet *sharing work at home* – Mann und Frau sollen sich die Hausarbeit teilen. Der Grundgedanke ist einfach: Würden sich Männer angemessen an der Hausarbeit beteiligen, so würde der Wert der familiären „Sorge" wieder wachsen. Würde der Mann nämlich seinen gerechten Anteil an der Hausarbeit übernehmen, dann würde er allmählich mit seiner Frau auch die Wertschätzung dieser Arbeit der Sorge teilen – und damit würde die gesellschaftliche Wertschätzung von Hausarbeit wieder wachsen. So wie die Frauen ihren Weg in die Erwerbsarbeit gefunden haben, so sollen nun die Männer ihren Weg in die Hausarbeit finden. Das Lebensproblem der berufstätigen Mutter soll also durch einen „neuen Mann" gelöst werden.

Dem entspricht schon heute die Werbe- und Medienwirklichkeit der Familie. Denn Medien und Werbung bedienen die wachsende Zahl berufstätiger Paare bereitwillig mit Bildern und Geschichten von Karrierefrauen, die zugleich auch glückliche Mütter und Ehefrauen sind. Trendforscher geben ihnen ein prägnantes Label, Ratgeber empfehlen sie als neues Leitbild – und die Wissenschaften sprechen bald von einem Strukturwandel der Familie. In dieser Medienwirklichkeit spiegeln sich dann jene berufstätigen Paare und finden in diesem Spiegelbild ihre Identität.

Die ideologischen und sozialen Rahmenbedingungen für diese Entwicklung lassen sich sehr klar benennen – nämlich einerseits Mobilität und Flexibilität, die vor allem auch durch die neuen Medien ermöglicht und erzwungen werden. Zum andern aber die ideologische Randbedingung: das schlechte Gewissen der Männer, von dem der Diskurs der Political Correctness zehrt. Vor diesem Hintergrund beginnt das alte Vorurteil, die Produktivität der Frauen werde durchs Familienleben beeinträchtigt, eigentümlich zu schillern. Man kann nämlich derartige Vorurteile über Frauen ganz leicht in Vorteile der Frauen umverstehen. Das sollte aber nicht als Lob der Frauen mißverstanden werden. Denn Frauen zu loben ist der aktuelle Weg, sie zu diskriminieren.

Traditionell eröffnet die Familie den Raum, in dem man kommunikative Kompetenz einübt; denn die Familie ist der Ort – und in der modernen Gesellschaft wohl der einzige Ort –, an dem ich über alles reden kann, was mich als ganzen Menschen betrifft. Man könnte auch sagen: der einzige Ort, an dem man sich gehen lassen kann. Niklas Luhmann definiert die Familie deshalb als *System mit enthemmter Kommunikation*. Nur hier interessiert man sich persönlich für den anderen als Person und damit auch für alles, was ihm „draußen" in der Welt widerfährt. Ähnlich wie die Massenmedien bietet auch die Familie eine Art Wiedergutmachung für die kalte Zumutung, daß der Mensch in der modernen Gesellschaft nicht vorkommt, d.h. nicht als „ganzer" in sie eingeschlossen ist.

Daß die Relevanz der Person Resonanz in der Gesellschaft findet – das ist die spezifische Leistung der Familie, die Frauen durch ihren Kommunikationsstil in die Öffentlichkeit hinüberretten. Sie profitieren dabei von der Entwicklungsdynamik der bürgerlichen Familie, die immer mehr Verhalten in Kommunikation verwandelt hat. In dieser *Kommunikationsverdichtung* übertreibt die bürgerliche Gesellschaft sich selbst und treibt so über sich hinaus. Und davon profitieren eben vor allem diejenigen, die seit den Anfängen der sexuellen Arbeitsteilung Lust am *Übertreiben von Kommunikation* hatten – die Frauen.

Prüfen wir diese heuristische These an dem Vorurteil, Frauen seien geschwätzig. In der Bild-Zeitung konnte man lesen, Wissenschaftlern sei es gelungen, bei Frauen ein Plapper-Gen zu isolieren. Und wer das als bösartige Erfindung der Yellow Press abtun wollte, mußte dann im Magazin Der Spiegel lesen, andere Wissenschaftler hätten in statistischen Erhebungen nachgewiesen, daß Männer im Tagesdurchschnitt 11 000 Wörter sprechen, Frauen dagegen – 23 000. Das ist ein schöner Beleg dafür, daß Wissenschaftler sehr oft über Dinge erstaunen, die Hans oder Erika Mustermann auf der Straße ganz selbstverständlich erscheinen. Man wußte doch schon immer: Frauen sind geschwätzig. Sogar der weibliche Fötus bewegt den Mund schon häufiger als der männliche. Wer das weiß, ist über den Sprachkompetenzvorsprung von Mädchen, den Schulen immer wieder bestätigen, nicht mehr überrascht.

Es ist heute unstrittig, daß Frauen sanfte Geschicklichkeiten und Begabungen besitzen, also große kommunikative und soziale Kompetenz. Sie sind also besonders befähigt, weiche Themen und Probleme anzugehen. Sanfte Begabungen bewähren sich nicht in Hierarchien und linearen Befehlsstrukturen, sondern in der Heterarchie der Netzwerke und des Teamwork. Frauen verstehen Organisation als Konversation und begreifen leichter als Männer, daß Kooperation in Kommunikation begründet ist. Und wo Männer am Arbeitsplatz noch miteinander konkurrieren, sind Frauen sehr viel besser disponiert, ihre Kollegen zu behandeln, als ob es Kunden wären. So entfaltet sich heute vielerorts schon eine „mütterliche" Arbeitskultur nichthierarchischer Kooperation. Doch wohlgemerkt: Diese Frauen sind mütterlich im Betrieb, nicht zu Hause.

Die moderne Welt ist vielleicht nicht männerfeindlich, aber männlichkeitsfeindlich. Es geht nicht mehr ums Zupacken, sondern um Symbolmanagement. Der Jäger ist zum Langzeitarbeitslosen geworden. Man muß die Rahmenbedingung für diese Entwicklung in der Evolution der neuen Medien suchen, sich dabei aber klarmachen, daß diese neuen Medien nicht nur die Produktivkraft Kommunikation, sondern auch die kommunikative Lust stimulieren. Es geht nicht nur um Informationsverarbeitung, sondern auch um das zutiefst menschliche Geschwätz.

Unter den neuen Medienbedingungen zählt Performanz mehr als Kompetenz; das kommt den Frauen entgegen. Wer mit Frauen kommuniziert, ist gleich in Geschichten verstrickt, hat es also mit weiblicher Konversation statt mit männlicher Informationsverarbeitung zu tun. Deshalb darf man erwarten, daß die Welt, die, solange sie von Materie und Energie bestimmt wurde, eine Welt der Männer war, in Zukunft als Welt der Kommunikation und des Designs von Frauen geprägt werden wird. Frauen bestimmen ja schon heute den Kommunikationsstil der Öffentlichkeit. Das steckt nicht nur hinter den Modebegriffen Heterarchie, Netzwerk und Teamwork, sondern hinter dem neuen Kult der Communities und der Kultur des Dialogs; offenbar ist nur weibliche Kommunikation symmetrisch.

Marketing und Werbung wissen schon lange, daß Frauen Sinn für Mode, Zeitgeist und Trends haben – mit einem Modewort: emotionale Intelligenz. Das wird in einer Gesellschaft mit radikal offener Zukunft immer wichtiger. Der arbeitsteilig-funktionalistisch-sachlichen Männerwelt setzen Frauen heute das Emotional Design ihres Sinns für „das Ganze" entgegen. Das verleiht ihnen in der von Antony Giddens proklamierten Demokratie der Gefühle einen großen Startvorteil. Denn die neue Bürgerlichkeit, die eine solche Gefühlsdemokratie kultiviert, setzt neben dem Vermögen, auf persönlicher Ebene erfolgreich zu kommunizieren, vor allem voraus, daß man das eigene *emotional makeup* im Griff hat.

Wer ist attraktiv?

Political Correctness nennt man den vor allem von Intellektuellen geführten Kampf gegen die biologische Realität, also gegen unser Schicksal. Obwohl sie wissen könnten, daß jede Entdifferenzierung der Gewalt den Boden bereitet, arbeiten die Intellektuellen hartnäckig am Abbau von Leitunterscheidungen wie alt/jung oder männlich/weiblich. Dabei wechseln die Schauplätze der Political Correctness in rascher Folge. Die

Korrekten kämpften erst gegen den Rassismus – noch recht amerikaspezifisch. Mit der Ausweitung der Kampfzone auf den Sexismus konnte man dann auch europäische Frauen und Schwule faszinieren. Heute polemisiert die Political Correctness gegen Altersdiskriminierung – und wird damit zur Massenideologie. Doch der Sensibilität für Benachteiligungen sind keine Grenzen gesetzt. Wer einen Behinderten nicht als „anders befähigt" anerkennt, macht sich des *ableism* schuldig. Und wer wie Goethe in der Schönheit ein Verdienst sieht, leidet an *lookism*.

Diese neueste Front der Political Correctness, der Kampf gegen die Privilegien der natürlichen Schönheit, ist für unser Thema von besonderem Interesse. Der „Skandal", um den es hier geht, ist leicht zu erklären: Schönheit ist die Ungerechtigkeit der Natur. Mit anderen Worten, Schönheit ist undemokratisch verteilt – und man kann sie nicht umverteilen. Nun sorgen aber die Massenmedien dafür, daß uns dieses Ärgernis täglich quält; die Schönen in den Medien machen uns unzufrieden. Deshalb hat Frank Schirrmacher, der Rächer der Alten, zum Bildersturm gegen die Medien aufgerufen, die die Bilder derer, die schön, jung und sexy sind, über den Globus verbreiten: *das Zwangssystem von Jugend, Schönheit und Sexualität [wird] für die neue Mehrheit der Menschen zur Bedrohung.*

Natürlich verkauft sich die Botschaft, daß die Gesellschaft die Erfahrung alter Menschen braucht und daß sie auch im Alter schön sind, an alte Menschen glänzend. Aber nicht nur die Anthropologie, auch die eigene alltägliche Erfahrung belehrt uns eines Besseren. Keine Political Correctness kann etwas daran ändern, daß wir nur die Jungen schön und sexy finden. Wer das nicht wahrhaben will, muß dann schon zu Plattheiten wie der Grundschulforderung greifen, daß man Menschen nicht nach ihrem Äußeren beurteilen solle.

Die Political Correctness kann es natürlich nicht dulden, daß Alte sexuell weniger attraktiv sind als Junge, und hält den Vorzug, den wir den Jungen und Schönen geben, für ein Resultat massenmedialer Gehirnwäsche. Die einfachsten Lektionen Darwins sollten aber genügen, um zu begreifen, warum sexuelle Attraktivität und Schönheit mit Jugend verknüpft sind. Der evolutionäre Sinn des sexuellen Begehrens liegt in der Fortpflanzung der Gattung. Und umgekehrt macht es keinen evolutionären Sinn, sexuelle Attraktivität gegenüber Partnern zu entwickeln, die ihre fruchtbaren Jahre schon hinter sich haben.

Die Predigt gegen die Idole von Schönheit und Jugend hat also die gesamte Evolution des menschlichen Begehrens gegen sich. Schönheit ist ein Signal für reproduktive Fitness – daran orientieren wir uns, obwohl Sex in den meisten Fällen gar nicht mehr prokreativ sein soll. Und hier gibt es eine strikte Asymmetrie zwischen den Geschlechtern. Frauen sieht man die Fruchtbarkeit an, Männern nicht. Was Frauen attraktiv macht, nimmt mit der Zeit ab: Schönheit, Jugend, Sex-appeal. Was Männer attraktiv macht, kann mit der Zeit wachsen: Macht, Einkommen, Prestige.

Die Folgelasten dieser Asymmetrie tragen allein die Frauen. Ihr Fruchtbarkeits- und Reproduktionswert fällt mit fortschreitendem Alter sehr stark ab. Deshalb arbeiten Frauen am eigenen Selbst nicht mehr nur mit den Mitteln der Psychoanalyse und kosmetischer Psychopharmaka wie Prozac, sondern zunehmend mit Schönheitsoperationen. Der intellektuelle Spott über den Designer-Body als Status-Symbol ist billig. Denn für uns alle bleibt der Dreiklang schön – jung – sexy betörend.

Doch welche Bilder sind eigentlich gemeint, wenn vom Schönheitskult die Rede ist? Weibliche Schönheit zerfällt in *fashion models* und *pin ups*, also in die Idole der Hochglanzmodemagazine und die Busenwunder der Erotikindustrie. Beide Bildwelten haben nichts miteinander zu tun. Die Welt von Twiggy und Kate Moss ist eine andere als die Welt von Marilyn Monroe und Pamela Anderson. Für Mode interessieren sich Frauen und Schwule, für *pin ups* die Männer. Doch Frauen müssen sich, wollen sie attraktiv sein, in beiden Welten gut auskennen, denn ihr Wettbewerb untereinander wird durch die Vorlieben der Männer bestimmt.

Deshalb ist das Theaterspiel der Frauen auf dem Markt der Geschlechter für Männer so schwer zu durchschauen. In solchen Fällen hält man sich an Vorurteile. Und nicht alle Clichés sind unwahr. Das gilt vor allem für das Begehren. Mann sollte sich deshalb nicht beirren lassen, wenn Frauen nicht zugeben, daß sie dominante Männer begehren. Denn man kann leicht beobachten, daß Frauen Männer verachten, die sich von anderen Männern dominieren lassen und es nicht schaffen, sich in ihrer Lebenswelt Respekt zu verschaffen. Sie mögen Männer, die karriereorientiert, fleißig und ehrgeizig sind. Denn evolutionstypisch tauschen Frauen Sex gegen Ressourcen, während Männer Ressourcen gegen Sex tauschen.

Das funktioniert aber nur unter Bedingungen strikter Geschlechterasymmetrie – modern also: nicht. Es gibt heute keine Herren mehr – aber Prozac. Die Verknüpfung zwischen Serotonin, dem Gefühl der Dominanz und dem Medikament Prozac ist so eng und eindeutig, daß Lionel Tiger mit schöner Ironie von der optimalen demokratischen Medizin sprechen konnte: Alle fühlen sich überdurchschnittlich gut! Das ist das paradoxe Selbstverständnis einer Kultur, die jene Asymmetrie durch eine Strategie der Androgynisierung ersetzt.

Heute gibt es Medikamente für das richtige Denken. Mit Ritalin und Prozac erzeugt man Political Correctness, nämlich Feministen und Softies. Natürlich ist hier Amerika führend. Prozac wird dort vor allem depressiven Frauen verschrieben, denen es an Selbstwertgefühl mangelt – eine Droge, die Frauen Alpha-Tier-Gefühle verschafft. Ritalin dagegen wird vor allem hyperaktiven Jungs verschrieben, die nicht still auf ihren Schulbänken sitzen können. Schon 1969 hat Patricia C. Sexton den feminisierten Mann identifiziert – Produkt eines Schulsystems, das zunehmend von Frauen bestimmt wird und deutlich weibliches Verhalten belohnt („soziales Lernen", „Kommunikationstraining").

So werden die Jungen sozialverträglicher, die Mädchen selbstbehauptender, und alle tendieren zur androgynen Mitte, für die Figuren wie David Beckham oder Ulrike Folkerts in den Medien werben. Charles Horton Cooley hat schon vor hundert Jahren beobachtet, daß die demokratische Nivellierung der Geschlechterdifferenz in Organisationen und Wettbewerbssituationen tatsächlich zu einer Maskulinisierung der Frauen und einer Feminisierung der Männer geführt hat. Und wer das als Verlust kultureller Errungenschaften erfährt, muß lernen, daß eine künftige Differenzierung der Geschlechterrollen sich weder auf Natur noch auf Autorität berufen kann; sie könnte allenfalls das Resultat eines freien experimentellen Spiels sein.

Das notwendige Unglück

Es gibt zwei moderne Notwendigkeiten, die unglücklich machen: den Individualismus und die Frauenemanzipation. In aller wünschenswerten Deutlichkeit hat Shulamith Firestone die Emanzipation der Frau mit der Befreiung von der Bürde der Fortpflanzung verknüpft. Seither steht, wer sich Kinder wünscht, unter Rechtfertigungszwang.

Wenn, wie Freud erkannte, die Biologie das Schicksal ist, dann versteht sich der Feminismus als Sabotage dieses Schicksals. Und hierbei spielt die Rechtfertigungsbedürftigkeit der Fortpflanzung eine Schlüsselrolle. Sobald nämlich Kinder kommen, wird die Geschlechterdifferenz unabweisbar. Die Schwangerschaft macht jedem deutlich, daß die Größe des biologischen Beitrags, den Mann und Frau zur Fortpflanzung der Gattung erbringen, höchst unterschiedlich ist. Und aus dieser Differenz der Investitionen folgt typisch die Differenz der Geschlechter: Männer sind kompetitiv, Frauen sind wählerisch.

Das Wissen um die sexuelle Designdifferenz zwischen Mann und Frau geht in der westlichen Welt allmählich verloren. Feminismus besagt ja, daß der Unterschied zwischen Mann und Frau keinen Unterschied macht. Da die Differenz der Geschlechter aber ständig in die Augen springt, muß der Feminismus vor allem Wortpolitik betreiben und versuchen, Sex durch „Gender" zu verdrängen. Wenn also allerorten Gender Studies aufblühen, darf man vermuten, daß es dabei vor allem um eine Kampfansage gegen die Evolutionsbiologie geht.

Die feministische Sabotage des Schicksals Biologie kämpft

aber nicht nur gegen das Reproduktionsdesign der Frau, sondern auch gegen das archaische Begehren des Mannes. Natürlich verbietet *frau* den Männern nicht den Geschlechtsgenuß. Der Feminismus verfährt subtiler: er dekonstruiert die Gefühle. Man sieht ein Exemplar des anderen Geschlechts und weiß nicht mehr, wie *mann* sich fühlen soll. Deshalb sind die Folgen der feministischen Lustfeindlichkeit für Männer mindestens so schwerwiegend wie für Frauen. Wir kommen gleich darauf zurück.

Sucht man in der Literatur nach emblematischen Gestalten für unsere feminisierte Kultur, so bietet sich Bartleby the Scrivener an: die Weigerung, männlich zu sein. Aber auch Peter Pan als die verkörperte Weigerung, erwachsen zu werden. Früher war man als Jugendlicher rot und ist dann nachgedunkelt. Heute bleibt man grün, auch wenn man längst grau geworden ist. Das heißt: man wird nicht mehr erwachsen. Gereifte Männlichkeit, wie sie noch Max Weber möglich schien, versuchte nicht, der eigenen Vergangenheit zu entkommen, sondern sie zu strukturieren. Und das bedeutete umgekehrt, daß man genau in dem Maße erwachsen wurde, in dem man aufhörte, sich die Zukunft als Glück (oder Unglück) auszumalen. Im Chaos moderner Intimität wird das immer unwahrscheinlicher.

Klassisch konnte man drei Stufen des Erwachsenwerdens unterscheiden. Am Anfang stand das Neugierverhalten, das für Variationen sorgte (exploration). Dann stieg man die Sprossen der Karriereleiter hinauf – die Phase der Selektion (advancement). In der abschließenden Retentionsphase des Erwachsenwerdens sorgte man dann für Sicherheit, also die Sicherung des Erreichten (protection). Doch davon kann nur noch im Präteritum die Rede sein. Denn das psychosoziale Moratorium, also verzögertes Erwachsenwerden, wie es früher nur für Studenten typisch war, ist zur Lebensnormalform geworden. Im Blick auf die Zukunft der Familie bedeutet das konkret: Man probiert mehr Partner aus; deshalb wachsen die Ansprüche an den Partner. Und damit wird es immer unwahrscheinlicher, daß sich passende Paare finden; folglich gibt es immer mehr Scheidungen und immer mehr Singles.

In allen modernen Beziehungen ist die Freiheit des einen die Unsicherheit des anderen. Auch das muß man wohl unter der Rubrik „notwendiges Unglück" verbuchen, denn es gibt in einer funktional ausdifferenzierten Gesellschaft keine Alternative zur Autonomisierung der Intimität. Diese schrankenlose Freiheit der Selbstdarstellung im Intimbereich führt aber notwendig zu einer Übersteigerung der Erwartungen. Jedes moderne Individuum ist spontan, und spontan heißt: rücksichtslos gegen andere. Das macht Verständigungsschwierigkeiten zur Selbstverständlichkeit. Oder um es mit einer prägnanten Formel von Niklas Luhmann zu sagen: *Die Emanzipation des einen ist die Unsicherheit des anderen.*

Ein Mädchen, das sich entscheidet, bis zur Hochzeit unberührt zu bleiben, erscheint uns heute komisch. Warum eigentlich? Nach dem bisher Gesagten muß die Antwort wohl lauten: weil es die Einheit von Sexualität, Liebe und Ehe repräsentiert. Genau diese Einheit nämlich hat die moderne Intimität zersetzt. Nicht nur Sexualität und Fortpflanzung sind entkoppelt worden, sondern auch Liebe und Ehe. Die Sexualität hat sich von der Ehe emanzipiert und die Ehe von der Familie. Nicht nur Ehe und Elternschaft sind entkoppelt worden, sondern auch biologische und soziale Elternschaft.

Daß Sex nicht unbedingt etwas mit Liebe zu tun hat, wußte man schon. Nun muß man hinzulernen, daß die Reproduktion des Menschen nicht unbedingt etwas mit Sex zu tun hat. Seit Jahrzehnten ermöglicht die Pille *sex for fun*. Die Medizin ermöglicht heute Kinder ohne Sex. Das kommt – Ironie der Urgeschichte! – dem archaischen Erbe des Menschen durchaus entgegen. Früher hatte die Primitiven ja Schwierigkeiten, den Zusammenhang zwischen Sex und Reproduktion zu sehen; deshalb dürfte es eigentlich keine psychologischen Schwierigkeiten bereiten, daß Sex und Reproduktion nun tatsächlich getrennt werden.

Naturschutzparks der Männlichkeit

Daß sich Männer und Frauen in Prozessen der Ko-evolution entwickeln, ist trivial. Doch auch hier gibt es eine entscheidende Asymmetrie zwischen den Geschlechtern: Mädchen werden Frauen. Jungs werden zu Männern gemacht; ihre Entwicklung ist also sehr viel störanfälliger. War Männlichkeit immer schon Reaktionsbildung und Angstabwehr, so muß sie heute auf die Delegitimation der Männlichkeit selbst reagieren. Männlichkeit ist ständig gefährdet und muß deshalb ständig demonstriert werden. Zu den klassischen Ungewißheiten des Mannes – Bin ich der Vater? (Oder gehörnt worden). Ist sie befriedigt? (Oder simuliert sie) – kommt heute modernitätsspezifisch hinzu, daß Männlichkeit gesellschaftlich marginalisiert wird. Mehr denn je müßte also Männlichkeit eigens gelernt werden. Deshalb werden auch in Zukunft die Helden meistens Männer sein – weil eben Frauen nicht erst lernen müssen, Frauen zu sein.

Ein Sozialphilosoph könnte definieren: Männlichkeit ist die soziale Negation der antisozialen Negation. Ein Mann verweigert also die Auswege des Eskapismus und Infantilismus. Face it! – diese Ultrakurzformel aller Männlichkeit markiert genau den Gegenpol zur Bergpredigt: *Widerstehe nicht dem Übel*, die Max Weber zu Recht als *Ethik der Würdelosigkeit* bezeichnet hat. Seine Antithese konnte vor neunzig Jahren noch *Manneswürde* heißen. Heute erinnert daran nur noch die Karikatur des Machismo.

Doch der Kult der Männlichkeit verträgt sich eben nicht mit modernen Erfolgsbedingungen. Und deshalb kann man immer häufiger beobachten, daß die Erfolgreichen in die Homosexualität flüchten. Homosexuelle entlasten sich nämlich vom Status-Sex-Wettbewerb, und sie ersparen ihrem Begehren den Kompromiß mit den Erwartungen der Frauen. Die moderne Gesellschaft hat das längst normalisiert. Gerhard Amendt kommentiert: *Als therapiebedürftig gilt jetzt der Homosexuelle, der über seine gleichgeschlechtliche Neigung unglücklich ist.*

Der Siegeszug der Homosexuellen in den modernen Metropolen zeigt, daß es unserer Gesellschaft heute einleuchtet, Sexualität als vollkommen formbar zu begreifen. Man entscheidet sich für seine Sexualität und akzeptiert Heterosexualität längst nicht mehr als natürlichen Standard. Der Ökonom Edward Miller hat vermutet, daß die Feminisierung der Öffentlichkeit die Entwicklung der Homosexualität fördert; er deutet Homosexualität nämlich als Nebenprodukt, das bei der Produktion femininer Züge in unserer Gesellschaft anfällt: Mitgefühl, Sensibilität, Sanftheit, Freundlichkeit. Bei einigen Männern gelingt diese Temperierung ihrer Männlichkeit – die anderen werden schwul.

Wenn man Männern ihre sexuelle Rollenidentität als Versorger raubt, dann orientieren sie sich wieder an Muskelkraft und Phallus, also modern an Sport und Pornographie. Daß Feministinnen hier Gewalt und Vergewaltigung assoziieren, ist durchaus gut begründet. Das Begehren nach Anerkennung des Begehrens ist immer extrem gefährdet. Und da diese Anerkennung unter den Kontingenz-Bedingungen der modernen Liebe sehr unwahrscheinlich ist, liegt es nahe, sie in der Gegenrichtung zu suchen, in der Gewalt. Ein Begehren, das keine Anerkennung findet, schlägt um in die Zerstörung des anderen. Daß das Begehren nach Anerkennung des Begehrens zwischen Liebe und Gewalt oszilliert, kann man übrigens auch an Kindern beobachten, die aufeinander eifersüchtig sind.

Der feministische Protest verfehlt dieses Problem. Das Glück wird nämlich entkernt, sobald man Aggression tabuiert. Schon kleine Kinder müssen lernen: Aggression bringt Unglück. Und die Erwachsenen müssen dann die zweite Lektion lernen: Auch die Abwehr der Aggression bringt Unglück. Ein Tabu zu brechen erscheint deshalb heute vielen als letzter Weg zum Glück. Das Perverse und Verbotene verspricht ihnen allein noch das Glücksgefühl der Befriedigung einer wilden Triebregung.

Aber auch diesseits der neuen Perversionsfreiheit gibt es eine Fülle von alltäglichen Phänomenen, vor denen die Political Correctness die Augen verschließen muß. Es ist eine Spezialität von Anthropologen und Evolutionsbiologen, auf die phänomenologische Ununterscheidbarkeit einer Vergewaltigung von gewissen lustvollen Sexualakten hinzuweisen. Es geht hier um die Amalgamierung von Sexualität und Aggressivität, also letztlich darum, daß derjenige Glück in der Liebe hat, der ein auftrumpfendes Verhalten an den Tag legt.

Man kann diese Verschränkung von Gewalt und Sexualität aber auch politisch korrekt im Sinne des Feminismus deuten, nämlich jeden Sexualakt als Vergewaltigung verstehen. Ob das Verhalten der Frau, etwa im Ehebett, kokette Zustimmung oder Weigerung signalisiert, ist nicht immer eindeutig – und soll es oft wohl auch gar nicht sein. Dann genügt aber die Definition *eines* Partners, um den Sachverhalt der Vergewaltigung herbeizuführen. Michael Crichtons Roman Disclosure, mit Michael Douglas und Demi Moore genial verfilmt, hat gezeigt, daß dabei das Opfer nicht immer die Frau sein muß. Allerdings ist nicht nur von Feministinnen, sondern neuerdings auch von Evolutionsbiologen zu hören, daß alle Männer potentielle Vergewaltiger sind.

Für unsere Fragestellung ist an dieser Stelle aber nur eines wichtig: Es gibt keine natürliche Sexualharmonie zwischen Männern und Frauen. Das wußte schon die antike *ars erotica*, und heute weiß es die Designer-Erotik. Auch der größte Trottel kann sich verlieben. Aber dann beginnt das Problem: Sex wird langweilig, wenn es nicht gelingt, die sexuelle Variabilität und die Komplexität der Liebesbeziehung durch ein erotisches Training zu steigern. Die entsprechenden Ratgeber über Stellungen und Techniken sind Dauerbestseller; aber man denke z.B. auch an die gewaltige Komplexitätssteigerung, die eine Liebesbeziehung durch Eifersucht erreicht. Und wem das zu anstrengend ist, dem bleibt statt des Handelns immerhin noch das Zuschauen. Mit der Kunst der Liebe steht es nämlich wie mit dem Hochleistungssport: Die meisten tun es nicht selbst, sondern begnügen sich damit zu beobachten, was die Experten zu bieten haben. Liebesromane und Liebesfilme bieten Intimität aus zweiter Hand. Und das Spektrum des Angebots reicht von Madame Bovary bis zur Pornographie.

Wer das Thema Pornographie als zu unappetitlich abweist, kann leicht belehrt werden, daß es sich dabei nur um eine besonders einfache Variante des Voyeurismus handelt, den man durchaus als evolutionäre Errungenschaft begreifen kann. Der

Voyeur befriedigt seine sexuelle Neugier, ohne die Paarbeziehung, in der er lebt, zu gefährden. Da es hier nur um das reine Zuschauerinteresse am sexuell Neuen geht, ist die Intimbeziehung durch Pornographie genausowenig gefährdet wie durch Prostitution. Beides hat mit Liebe nichts zu tun. Für Pornographie und Prostitution ist es ja gerade charakteristisch, daß man sich nicht für die Personen interessiert; sie sind beliebig auswechselbar.

Das Interesse an Pornographie wächst gerade in „aufgeklärten", modernen Ländern, die in ihr offiziell die symbolische Kontrolle des weiblichen Körpers ächten. Pornographie ist heute aber nicht mehr wie zu Zeiten des klassischen Puritanismus die Rückseite von Prüderie, sondern die Subkultur der Lust, in die das Begehren des Mannes abgedrängt worden ist. Was Freud einmal die *Anbetung der Genitalien* genannt hat wird hier zum Zentrum einer Kultreligion, in der sich die Männer wieder eine rituelle Verhaltenssicherheit zurückerobern. In einer Zeit, in der man nicht mehr weiß, wie man erotisch fühlen soll, bieten Bilder Sicherheit, auf denen es nichts gibt, das nicht gezeigt wird. Und während die offizielle Kultur den Männern ständig eintrichtert, was sie sich unter der Erotik des Alltagslebens vorstellen, sei sexuelle Belästigung, dient ihnen die Subkultur der Pornographie als Naturschutzpark der sexuellen Lust.

Gerade für die Pornographie gilt Freuds Formel von der Wiederkehr des Verdrängten. Was verdrängt wird, kehrt wieder – aber in entstellter Form. Und an der pornographischen Bilderwelt kann man ablesen, wie sehr die moderne Kultur dem männlichen Begehren zusetzt. Die Drehbücher dieses Begehrens sind uralt. In Lust und Schmerz verkapselt sich unsere evolutionäre Erfahrung. Daraus folgt aber, daß die Lüste der Gegenwart Überlebensvorteile der Vergangenheit reflektieren. Diese radikale Ungleichzeitigkeit zwischen den archaischen Drehbüchern des Begehrens und den kulturellen Standards der Moderne macht verständlich, warum unsere Lebensstile den Ethikern und Kulturkritikern als Grundverfehlungen des Gebrauchs der Lüste erscheinen.

Die ewigen Jagdgründe

Männer sind Jäger, die man nicht mehr braucht. Und deshalb brauchen sie den Sport. Sport als Asyl der Männlichkeit ist eine genaue Reaktionsbildung darauf, daß die Zivilisation als Zähmung der Männer durch die Frauen voranschreitet. Vormodern war die Aufgabe, ein „richtiger" Mann zu sein, vor allem eine Frage der Performanz; man mußte gut darin sein, ein Mann zu sein. Heute gilt das nur noch im Sport. Er bietet den Männern einen Ersatzschauplatz für das, was Anthropologen *male bonding* nennen: die Kooperation der Jäger. Nur im Sport können Männer heute noch den Wachtraum erfolgreicher gemeinschaftlicher Aggression genießen, also die Gelegenheit, körperlich aufzutrumpfen.

Die großen Sportler sind Helden, denn ihre Welt ist transparent und klar begrenzt; sie wollen den Gegner dominieren, die Besten sein; und wenn sie verlieren, gibt es keine Entschuldigung. Du triffst den Ball – oder nicht. Da hilft kein Moralisieren, Psychologisieren oder der Hinweis auf eine traurige Kindheit. Sport findet in Echtzeit statt. Es gibt kein Nachdenken, die Anstrengung ist so klar erkennbar wie ihr Effekt, und es gibt ein klares Ergebnis: Einer ist schneller als der andere. Dauerhafte Dominanz ist im Sport allerdings – man möchte sagen: zum Glück! – etwas sehr Seltenes. Wer als Sportler siegt, beherrscht den Gegner hier und jetzt; aber morgen kann es schon anders sein. Daß der, der verliert, prinzipiell auch der Sieger hätte sein können, ist für jeden Wettbewerb, für jedes Spiel, für jedes Rennen die unverzichtbare Voraussetzung.

In einer Welt, die „soziale Kompetenz" über alles stellt, die uns also ständig ermuntert, gesellig, freundlich, kooperativ und „teamfähig" zu sein, überlebt das Talent nur noch im Sport; nur hier herrscht noch der Respekt vor der Leistung. Nur im Sport kann der Beifall der anderen nicht die Erreichung eines Ziels ersetzen. Nur im Sport gibt es deutlich sichtbare Grenzen des Schönredens. Alles ist zugleich leidenschaftlich und streng geregelt. Und die Regeln gelten für alle. Auch das bestätigt die funktionale Äquivalenz von Sport und Jagd. Wer beim Sport zuschaut, wirft einen Blick in eine untergegangene Welt. Er genießt heroische Männlichkeit aus zweiter Hand.

Sport als Passion hat nichts mit Hygiene und Gesundheit zu tun; nichts ist seinem Wesen ferner als die kultivierte Verfeinerung zur Gesellschaftsfähigkeit. Im Sport geht es einzig und allein um Kampf und Rivalität, Rekord und Risiko – er hat keinen über sich selbst hinausweisenden Zweck. In der Stadt Mahagonny kam nach dem Fressen und dem Liebesakt schon das Boxen. Und das war sicher auch der paradigmatische Sport jener Zeit: der späten zwanziger Jahre. Heute stehen andere Sportarten im Mittelpunkt, nämlich Fußball und Formel 1.

Es gibt in unserer Kultur nur noch einen Schauplatz des gesellschaftlich anerkannten Wettbewerbs: den Sport als symbolischen Konflikt. Auf diesem Schauplatz sind Dinge möglich, die überall sonst tabu sind. Sport operiert ja mit der Unterscheidung Siegen/Verlieren. Während in der Politik – vor allem nach Wahlen – alle als Sieger auftreten dürfen, und die Wirtschaft sorgsam vertuscht, daß ihr Triumphzug über namenlose Verlierer hinwegzieht, produziert der Sport in aller Deutlichkeit Sieger und Verlierer. Nur im Sport winkt uns noch die Anerkennung als „überlegen" und „besser". Nur im Sport darf man noch siegen. Während ein Sieg, diese antike Gestalt des Glücks, in unserer Kultur der Gleichheit überall sonst eine Peinlichkeit und ein Skandal wäre.

Und weil es im Sport um Sieg, Überlegenheit und Rangordnung geht, hat unsere politische Korrektheit sprachliche Betäubungsmittel erfunden, um das Bewußtsein gegen diese Archaismen abzuschirmen: „Dabeisein ist alles". Das ist natürlich Unsinn, und jeder weiß auch, daß sich niemand für den Vizemeister, den Zweitplazierten, den Olympioniken mit dem „hervorragenden vierten Platz" interessiert. Go for gold, nur der Sieg zählt – in Atlanta war das sogar auf Plakaten zu lesen.

Als sprachliches Betäubungsmittel war wohl auch die Definition des Fußballspiels als „schönste Nebensache der Welt" gemeint. Doch in dieser Formel steckt auch ein Stück Wahrheit. Der Kampf um Anerkennung heftet sich an Kleinigkeiten. Die thymotische Selbstbehauptung, die Francis Fukuyama wieder ins Zentrum der Aufmerksamkeit gerückt hat, gelingt vor allem im Nebensächlichen. Gerade die „Sinnlosigkeit" des Sports macht deutlich, daß es um reine Anerkennung geht. Wenn Schalke gegen Hertha antritt, geht es also für die Fans um „alles" *und* um „nichts" – um das Nichts von drei Punkten und um das Alles der Anerkennung. Sport ist die Arena, in der das Posthistoire den Kampf um Anerkennung inszeniert.

Im Sport ist deshalb so viel von Freundschaft und Kameradschaft die Rede, weil es genau um das Gegenteil geht, nämlich um Rivalität. Der unangenehmen Wahrheit, daß das Zwischenmenschliche im Kern destruktiv ist, wird im Sport Rechnung getragen – und der Etikettenschwindel sorgt dafür, daß das nicht als Skandal empfunden wird. Ein nüchterner Beobachter müßte sagen: Sport ist objektlose Rivalität – es geht um den Sieg, die triumphierende Gewalt. Sport ist insofern realistischer als jeder Humanismus: Man kann den anderen nicht „frei" anerkennen, sondern nur im Kampf. Entscheidend ist nun – und das macht das Ganze zum „kulturellen" Sachverhalt –, daß der *Thymos*, der agonale Ehrgeiz, in die Schranken der Spielregeln verwiesen wird. Daraus wird die Moral des Sports geboren: das Ideal der Fairness. Im Gegensatz zu anderen, universalistischen Prinzipien der Ethik ist das Fairness-Ideal für alle Beteiligten evident. Auch der andere muß siegen können.

Die Moral des Wettkampfs ist viel plausibler und prägender als der kategorische Imperativ. So naiv es klingen mag: Im Sport muß es mit rechten Dingen zugehen. Sport ist die heile Welt der Leistung, die im Wettkampf Ehrlichkeit, Echtheit und Unmittelbarkeit verspricht. Ohne Umschweife kommt der Sportler zur Sache: das Wesentliche – sonst nichts. Und das Wesentliche ist eben, den anderen zu besiegen, um dann als der Bessere anerkannt zu werden. So bietet gerade der Spitzensport – allen Millionentransfers zum Trotz – eine Popkultur der Authentizität.

Wenn man den Sport als eine Ellipse beschreibt, dann bildet der gerade diskutierte Agon, also der Wettbewerb um des Wettbewerbs willen, den einen Brennpunkt. Den anderen Brennpunkt bildet der Körperkult. Wie der Sex ist der Sport ein Schauplatz der aktiven Körper und der verklärten Jugendlichkeit. Jugend erscheint dabei als unerschöpfliche Ressource und Körperlichkeit als neu entdeckter Kontinent des Sinns. Schließlich wird Gesundheit hinzuassoziiert, sei es als Fitness oder, abgerüstet, als Wellness. Nicht nur der Erfolg der Zeitschrift „fit for fun", sondern auch der Titel selbst spricht Bände. *Sport aus Hygiene ist etwas Abscheuliches*, hat Bert Brecht gesagt. Aber mit dem Hinweis auf Gesundheit kann man eben das Moment des agonalen Ehrgeizes am besten verstecken; übrigens war das schon immer die puritanische Entschuldigung des Sports.

Sport kompensiert die Sinnunsicherheit des Alltags, indem er den geordneten Rückzug auf ein sozial als sinnvoll definiertes Körperverhalten ermöglicht. Die Person ist hier ganz und gar durch ihre Handlung definiert. Je virtueller und immaterieller unsere Lebenswelt wird, desto wichtiger ist diese Funktion des Sports. Das wird vor allem in seinen Grenzbereichen deutlich. Im Bungee-Jumping, Sky-Diving u.ä. geht es um eine Ästhetik des Risikos. Wer im Extremsport die Chance ergreift, gefährlich zu leben, will die Stärke des eigenen Körpers fühlen – und dadurch zum Sinn finden. Über mir der Gipfel des K2, unter mir die hundert Meter des freien Falls – endlich weiß ich, was zu tun ist. John Naisbitt nennt das *intense feeling of focus*. Man könnte den Sport deshalb als Inversion der Askese definieren – er präsentiert den Sinn als Körper und im Körper.

Das Heil liegt also im sportlichen Körper. Sport kompensiert die Virtualisierung und Immaterialisierung unserer Lebenswelt durch eine Eigenkomplexität der reinen Körperlichkeit. Noch deutlicher: Im Sport wird der Körper zum Schauplatz des Sinns – gerade weil er in unserer Wirtschaft und Technik keine Rolle mehr spielt. Sport *präsentiert den nirgends sonst mehr so recht in Anspruch genommenen Körper. Er legitimiert das Verhalten zum eigenen Körper durch den Sinn des Körpers selbst.* So der Soziologe Niklas Luhmann.

Es macht die Faszination der Ballspiele aus, daß die Koordination der Körper rein durch Wahrnehmung erfolgt – Kommunikation ist überflüssig. Körper müssen sich aufeinander einspielen, d.h. auf nicht bewußte Weise ihr Verhalten koordinieren können – Fußballspieler etwa, aber auch Tanzende führen das vor. Sport ist institutionalisierte Körperbeobachtung. Seine Spannung resultiert aus der Frage, wie weit Körperlichkeit kontrolliert und koordiniert werden kann. Das Spiel zeigt uns fein aufeinander abgestimmte Körper, deren Dynamik sich ohne Kontrolle des Bewußtseins entfaltet. Bewußte Kontrolle und Planung spielen, zum Leidwesen der Trainer und ihrer „Taktik", nur eine untergeordnete Rolle. Performanz zählt mehr als Hierarchie. Deshalb verdient der Fußballstar oft mehr als der Trainer.

An Stelle von bewußter Planung und Kontrolle entscheidet im Spiel des Sports die Geistesgegenwart. Der Verlierer beim Tennis, so hört man dann, war „mental nicht gut drauf". Und das meinen die Spieler auch mit der Formel, ein Match werde „im Kopf entschieden". Aber eben nicht durch „Denken". Deshalb kann auch jeder Fan glauben, mehr von Fußball zu verstehen als Jürgen Klinsmann. Man kann nämlich nicht „sagen", was ein Fußball- oder Tennisspiel ist. Wenn jemand danach fragt, kann man nur antworten: Geh hin und sieh! Deshalb nutzt es auch nichts, wenn sich ein Europäer die Baseball-Regeln erklären läßt. Geh hin und sieh! Es geht um die Grenzen der Körperbeherrschung und das *fine tuning* des Körpers. Fußball oder Tennis verstehen heißt die Spielbewegung virtuell mitzuvollziehen. Letztlich muß man selbst einmal gespielt haben, um mitreden zu können.

Dem Sportfeind und Soziologen Thorstein Veblen ist durchaus zuzustimmen, wenn er auf die wesentliche Sinnlosigkeit und systematische Verschwendung als Charakteristika des Sports hinweist. Warum muß man immer wieder zusehen, wie Bayern München gegen Werder Bremen spielt? Das läßt sich denen, die nicht zusehen, nicht erklären. Sport ist buchstäblich Zeitvertreib, d.h. Weltausgrenzung, Sein ohne Zeit. Im Sport gibt es keine „Sorge", sondern nur geistesgegenwärtige Körper. Aus allen nicht-sportlichen Perspektiven ist der Sport „sinnlos" – produziert dann aber seine eigene Sinnsphäre. Vor allem die Fußball-Bundesliga ist ein sich selbst regulierender Markt des Sinns. Jeden Samstag ins Stadion zu gehen oder doch zumindest um 18 Uhr die Sportschau zu sehen ist gewiß ein Ritual. Fans „pilgern" zum Heimspiel oder ziehen als

Kreuzritter des Fußballgotts ins fremde Stadion. Wie die Popmusik ist der Sport ein Glaube ohne Worte, eine Art sprachunbedürftiger Weltverständigung. Sport als Religion – die Neubegründer der Olympischen Spiele haben das ausdrücklich so formuliert. Und dieses Heilsversprechen kann jeder verstehen.

Die maskuline Ästhetik

Ohne emanzipierte Frauen verletzen zu wollen, möchte ich hier doch an der traditionellen Vorstellung festhalten, daß Fußball und Formel 1, nicht anders als Bert Brechts Boxen, genuin männliche Sportarten sind. Nun haben wir aber gerade gezeigt, daß das 21. Jahrhundert das Zeitalter der Frauen sein wird. Deshalb wird unsere Kultur mehr denn je Asyle des Männlichen, Naturschutzparks des Maskulinen einrichten müssen.

Das Männliche ist die Welt der erfolgreichen Aggression, der körperlichen Selbstbehauptung. Beim Boxen ist das evident; bei der Formel 1 kommt noch die kybernetische Spitzenleistung der Steuerung technisch perfekter Maschinen hinzu. Hier nimmt der Kampf ums Dasein Spielcharakter an. Das Autorennen bietet aber nicht nur einen Spielplatz für Geschwindigkeit und Aggression, sondern auch für ohrenbetäubenden Lärm. Soziologen wissen, daß Objekte, die Lärm machen, Statusansprüche signalisieren; deshalb tragen Jugendliche Ghetto-Blaster und knattern mit ihren Mopeds durch die Städte. Krach ist sexy. Zusammen schaffen Geschwindigkeit, Sex und der Kitzel der Todesgefahr den Augenblick der höchsten Erregung.

Rennstrecken sind Naturschutzparks des Männlichen. Dort fahren Männer im Kreis. Genauer: sie rasen, und ihre Rennwagen verbreiten einen mörderischen Lärm. Tausende am Streckenrand und Millionen vor den Bildschirmen verfolgen begeistert die wilde Jagd und genießen das Dröhnen der Motoren. Diese „Sinnlosigkeit" ist die größtmögliche Provokation des gesunden Menschenverstandes. Es scheint deshalb nur zwei

Reaktionen zu geben: entweder man ist begeistert, oder man schüttelt den Kopf.

Um zu begreifen, was hier geschieht, muß man sehen, daß jedes Autorennen ein quasi-religiöses Ritual bietet; es hat seinen Kult, seine Fetische, seine Hohenpriester und eine anbetende Gemeinde. In der modernen Welt der Ungewißheit und Indirektheit fasziniert das Autorennen wie jeder Sport durch die Klarheit der Resultate: The winner is ... Das Sportereignis ist ein Spektakel, aber zugleich auch Event und Ritual. Als Spektakel befriedigt es die Schaulust und Neugier; als Event beschwört es die Aura des Einmaligen; als Ritual suggeriert es Sinnstiftung.

Der Futurist Marinetti hatte schon vor siebzig Jahren den fabelhaften Mut, auszusprechen, was eigentlich jeder traditionelle Mann denkt: daß ein Ferrari schöner ist als die Nike von Samothrake. Der Rennwagen ist das hervorragendste technische Produkt einer Risiko-Ästhetik, die offenbar ein tiefes Bedürfnis der modernen Welt befriedigt, nämlich das Abenteuer als Präparat. In der Welt als Versicherung wird Unsicherheit zum Reiz. Gefährlich leben – auf der Rennbahn. Dazu braucht man Führer nicht aus der Gefahr, sondern in die Gefahr, also Verführer. Und dem entspricht, daß die Identität zum Abenteuer wird. Ich riskiere, also bin ich. Männlich ist der Wille zum Risiko.

Im Rausch der Geschwindigkeit erreichen Männer wieder ihre archaische Erlebnisschicht. Es geht beim Autorennen um *Deep Play* im Sinne von Jeremy Bentham, also ein Spiel, das die tiefsten Leidenschaften entfesselt. Echte Gefühle gibt es nämlich nur noch im Wettkampf des Sports. Denn die leidenschaftlichen Emotionen passen nicht mehr in unsere moderne Welt – um so besser aber auf den Nürburgring oder Auf Schalke. Man (Mann!) erregt sich in den Grenzen des Renn- oder Spielverlaufs.

Die unverkennbare Kultqualität dieser Veranstaltungen erweist das Rennen als quasi-religiöses Ritual. Verehrt wird der moderne Gott der Geschwindigkeit, der hin und wieder auch Menschenopfer fordert. Dieser Gott der Geschwindigkeit hat einen Januskopf: einerseits die apollinische Perfektion der

Technik und das kalt strahlende Design; andererseits die dionysische Lust am irren Tempo, am Spiel mit der Lebensgefahr. Beim Autorennen kann jeder Fahrfehler tödlich sein; man muß ständig die anderen Fahrer im Blick haben, auf den Straßenzustand achten und den Wagen im Griff haben. Jeder Augenblick kann entscheiden, und in jedem Augenblick muß entschieden werden.

Diese knappe Beschreibung genügt, um deutlich zu machen, daß Sport und Jagd funktional äquivalent sind. So bleibt dem Jäger, den die moderne Gesellschaft nicht mehr braucht, immerhin noch der Sport. Die Formel 1 ist heute der Inbegriff jener maskulinen Ästhetik, die nur noch in den Naturschutzparks der Männlichkeit kultiviert wird. Der Rennwagen, schöner als die Nike von Samothrake, steht für eine Mobilität, die vom Sozialen befreit ist – schnell und gefährlich. Marinetti behält also recht – jedoch nicht im Blick auf die Zukunft der Gesellschaft, sondern im Blick auf das Begehren des Mannes.

Anmerkungen

S. 7: „Die Götter ...": Homer, Odyssee XXIII, Verse 210 ff.

S. 9: „Ich ging durch den Hof ...": Johann Wolfgang Goethe, Die Leiden des jungen Werther, Am 16. Junius. – Das Unzeitgemäße dieser Szene hat schon Oswald Spengler, Der Untergang des Abendlandes, S. 681, deutlich gespürt: *Kinderreichtum, dessen ehrwürdiges Bild Goethe im Werther noch zeichnen konnte, wird etwas Provinziales. Der kinderreiche Vater ist in Großstädten eine Karikatur.*
„die Unfruchtbarkeit ...": Oswald Spengler, Der Untergang des Abendlandes, S. 679.

S. 10: „Statt der Kinder ...": Oswald Spengler, Der Untergang des Abendlandes, S. 681. – Zur *Ehescheu* als Ursache des Untergangs des Abendlandes vgl. auch Otto Seeck, Geschichte des Untergangs der antiken Welt.

S. 11: „Und wir werden prüfen ...": Vgl. etwa Antony Giddens, Beyond Left and Right, S. 172, über *recombinant families*.
„Prosaischer formuliert ...": Vgl. Lionel Tiger, The Pursuit of Pleasure, S. 152.

S. 12: „Was der eine ...": In der Formulierung von Platon, Symposion 192 d: *ton aphrodision synousia*.
„In der Umarmung ...": Seth Benardete, On Plato's Symposium, S. 51 f.: *Aristophanes sees the essence of eros not in sexual pleasure but in the embrace. The embrace is a vain reaching out for one's other half which is not the other that is ever embraced.*
„Indem wir den anderen ...": Jacques Lacan, Les quatre concepts fondamentaux de la psychanalyse, S. 121: *A persuader l'autre qu'il a ce qui peut nous compléter, nous nous assurons de pouvoir continuer à méconnaître précisément ce qui nous manque.*

S. 13: „Ich bin wie ich ...": Das Problem der Liebe ist also die Kontingenz der Anerkennung – während das Kunststück der Kunst im Als ob der Nicht-Kontingenz besteht und die Kraft der Religion sich in der Anerkennung der Kontingenz bewährt.
„Hinter dem Anspruch ...": *the desire to be a cause*, heißt die entsprechende Formel bei Robert E. Lane, „Procedural Goods in a Democracy", S. 180.

S. 14: „Phantasie wird entflammt ...": Theodor W. Adorno, Minima Moralia § 108.

S. 15: „Eine direkte allgemeine ‚Nächsten' ...": Karl Barth, Der Römerbrief, S. 437.

„Die Befreiung aus ...": In aller wünschenswerten Deutlichkeit heißt es bei Charles Horton Cooley, Social Organization, S. 367: *To expect that one person should make another happy or good is requiring too much of human nature. Both parties ought to be subject to some higher idea, in reverence for which they may rise above their own imperfection: there ought to be something in the way of religion in the case.*

S. 16: „Rein innerweltlich ...": Max Weber, „Zwischenbetrachtung", in: Gesammelte Aufsätze zur Religionssoziologie, Bd. I, S. 563.

„In dem Drüsen- und Nervengewitter ...": Jens Reich, „Sexualität und Fortpflanzung als technisches Konstrukt", S. 84.

S. 17: „Im Genuß des Geschlechtsakts ...": Immanuel Kant, Die Metaphysik der Sitten A 108; vgl. dazu kritisch Georg Wilhelm Friedrich Hegel, System der Sittlichkeit, S. 37.

„Die sexuelle Beziehung muß ...": Vgl. Arnold Gehlen, „Über die Geburt der Freiheit aus der Entfremdung", S. 351.

S. 18: „Aber eigentlich ...": In Gary Beckers Wirtschaftsmathematik: *mutual altruism causes total martial output to be counted twice.* – Gary S. Becker/Kevin M. Murphy, Social Economics, S. 37.

S. 20: „Wenn es Kindern gelingt ...": Elisabeth Beck-Gernsheim, „Auf dem Weg in die postfamiliale Familie", S. 131.

S. 21: „in ihren Mitteln der Krieg ...": Nietzsche, Ecce Homo, Warum ich so gute Bücher schreibe § 5.

„das Überraschungsfeld ...": Hans Bürger-Prinz, „Psychopathologie der Sexualität", S. 542.

„Der eine sorgt sich ...": Also nach dem klassischen Schema *opera viri extra domum – opera uxoris intra domum*.

S. 22: „Wenn aber die Spezialisierung ...": Vgl. Gary S. Becker, A Treatise on the Family, S. 3f., und Gary S. Becker, Accounting for Tastes, S. 151.

„Schraubt man die ...": Emile Durkheim, Über die Teilung der sozialen Arbeit, S. 101.

„Im Prinzip ist ...": Niklas Luhmann, Die Gesellschaft der Gesellschaft, S. 151.

S. 23: „90 Prozent der Migranten ...": Herwig Birg, „Die Dritte Welt bei uns", S. 62.

S. 24: „Während die Alten ...": Frank Schirrmacher, Das Methusalem-Komplott, S. 40.

S. 24: „Die Eltern, die ...": Frank Schirrmacher, „Dreißig Jahre nach zwölf", S. 35.

„Natürlich leugnet ein ...": Frank Schirrmacher, Das Methusalem-Komplott, S. 63.

S. 25: „Die Frage nach dem ...": Georg Simmel, Philosophie des Geldes, S. 394.

S. 26: „Versicherungstechnisch gesehen ...": Der Spiegel # 44, 1999, S. 43.

„Jedenfalls gibt es heute ...": Paul B. Baltes, „Die Freiheit der Ältesten", S. 37.

„Über Frauen und Alte ...": So Francis Fukuyama, Our Posthuman Future, S. 69: *To avoid any hint of discrimination against older people, or the suggestion that their lives are somehow worth less than those of the young, anyone who writes on the future of aging feels compelled to be relentlessly sunny in predicting that medical advances will increase both the quantity and quality of life.*

S. 27: „Unsere Mission ist es ...": Frank Schirrmacher, Das Methusalem-Komplott, S. 155.

„Schirrmacher, der sich ...": Frank Schirrmacher, Das Methusalem-Komplott, S. 32 f.

„die Informationsgesellschaft ...": Frank Schirrmacher, Das Methusalem-Komplott, S. 65.

S. 28: „Wir sind tatsächlich ...": Frank Schirrmacher, Das Methusalem-Komplott, S. 102 f. und S. 188.

„Denn in den kommenden ...": Andreas Kilb, „Feierabend", S. 37.

„Die öffentliche Sorge ...": Norval Glenn, „Letter to the Editor", S. 10, hat das als Verschiebung des sozialen Maßstabs *from child well-being to adult well-being* beschrieben.

S. 31: „Aber genau das ...": Vgl. etwa George Spencer Brown, Laws of Form, S. V: *a universe comes into being when a space is severed or taken apart. The skin of a living organism cuts off an outside from an inside.*

„Da kann es nicht ...": Vgl. hierzu Niklas Luhmann, Protest, S. 145: *Die (bis auf weiteres) unvermeidbare Differenz, daß nur Frauen Kinder austragen und gebären können, wird als eine Art entschädigungsbedürftiges Sonderopfer dargestellt, das durch Gegenleistungen im Arbeits- und Rentenrecht honoriert werden sollte.*

S. 33: „Deshalb nimmt Quentin ...": Vgl. Daniel Bell, The Coming of Post-Industrial Society, S. 478.

S. 34: „Individualität ist Unzufriedenheit ...": Niklas Luhmann, Gesellschaftsstruktur und Semantik, Bd. III, S. 243.

S. 36: „Doch für unsere Analyse ...": Das bestätigen auch die empirisch reichhaltigen Studien von Arlie Russel Hochschild, The Second Shift, S. 253: *most of the working mothers I talked to didn't work just for the money.* Daß Frauen arbeiten, weil sie aus finanziellen Gründen arbeiten müssen, wird also häufig nur als gesellschaftlich akzeptables Motiv vorgeschoben; viel mehr noch geht es um Anerkennung, Prestige, ja vielleicht Macht. Nach einer Umfrage von 1995 würde die Hälfte aller berufstätigen Frauen in Amerika auch arbeiten, wenn sie so viel Geld hätten, wie sie möchten. Von allen befragten Frauen (einschließlich der Hausfrauen!) würden nur 39% zu Hause bleiben, auch wenn sie genug Geld hätten, um bequem zu leben. Offenbar ist bezahlte Arbeit für Frauen das beste Antidepressivum. Bezahlte Arbeit bietet Herausforderungen, ein Gefühl der Kontrolle, Strukturiertheit des Tagesablaufs, ein positives Feedback, Selbstwertgefühl und soziale Bindungen.

S. 37: „Entscheidend ist nämlich ...": Schon im von Horkheimer und Adorno verfaßten Familien-Artikel der Instituts für Sozialforschung, S. 73, heißt es über Scheidung als Institution: *Die Individuen werden auswechselbar wie im Geschäftsleben, wo man eine Position verläßt, wenn sich eine bessere bietet.* Scheidung, so würde man diese Einsicht mit Harrison White wohl heute reformulieren, ist das *decoupling* für einen *fresh start*. Hier beweist sich die spezifisch moderne Stärke schwacher Bindungen! Und es zeigt sich, daß die Menschen auf Probleme immer häufiger ökonomisch, nämlich mit Exit reagieren: man läßt sich scheiden; genau so, wie man angesichts der Schulmisere seine Kinder auf Privatschulen schickt. So heißt es auch bei Arlie Russel Hochschild, The Second Shift, S. 262: *Divorce is an undoing of an economic arrangement between men and women.*

S. 38: „Wenn es einfach ist ...": *The incentive to nurture love is weak when it is easy to divorce.* So in aller Nüchternheit Gary S. Becker, Accounting for Tastes, S. 237; vgl. hierzu auch Francis Fukuyama, The End of History and the Last Man, S. 324: *when the obligations of family become more than what the contractor bargained for, he or she seeks to abrogate the terms of the contract.* Eine andere Familienkultur wäre angesichts dessen wohl nur möglich, wenn man Herbert Simons Lektion über die Begrenztheit der Vernunft endlich auch in der Ehe gelten lassen würde: *satisficing.*

„Ehe ist vielfach ...": Karl Jaspers, Die geistige Situation der Zeit, S. 54.

S. 38: „Das Eheband ...": Das bestätigt schon der Bericht der Bundesregierung über die Lage der Familie in der Bundesrepublik Deutschland von 1968; vgl. dazu Friedhelm Neidhardt, „Strukturbedingungen und Probleme familialer Sozialisation", S. 210.
S. 39: „Statt die öffentliche ...": Karl Jaspers, Die geistige Situation der Zeit, S. 53.
S. 41: „In diesem Gefühl ...": Vgl. Lionel Tiger, Optimism, S. 85.
„Um dieser Kontroverse ...": Vgl. Robert B. Reich, The Future of Success, S. 187f.; vgl. hierzu auch Friedhelm Neidhardt, „Strukturbedingungen und Probleme familialer Sozialisation", S. 211 und S. 216, über die Bedeutung der Liebe im Sozialisationsprozeß und die Folgen früher *Mutterentbehrung*: *Wärme, die Erfahrung liebevoller Zuwendung, ist die wahrscheinlich wichtigste Bedingung frühkindlicher Erziehung.*
„Den wohlfahrtsstaatlichen ...": *Government cannot provide substitute love*, heißt es dazu lapidar bei Robert J. Samuelson, The Good Life and Its Discontents, S. 253.
S. 42: „So gibt es in Amerika ...": Vgl. hierzu Arlie Russel Hochschild, The Second Shift, S. 241.
„Den Märkten der Fürsorge ...": Diesen Effekt des Konsumismus in den Massenmedien hat Jürgen Habermas schon sehr früh diagnostiziert und meisterhaft auf den Begriff gebracht, Strukturwandel der Öffentlichkeit, S. 250: *Der entprivatisierte Intimbereich wird publizistisch ausgehöhlt, eine entliteratisierte Pseudoöffentlichkeit zur Vertrautheitszone einer Art Überfamilie zusammengezogen.*
„Früher hat die Familie ...": Vgl. Arlie Russel Hochschild, The Time Bind, S. 209f.
„So erbringt das Fernsehen ...": So Mihalyi Csikszentmihalyi und Robert Kubey, „Television and the Rest of Life", S. 318: *Television [...] may help to keep some families together by keeping them apart.*
„Lindenstraße ...": Robert B. Reich, The Future of Success, S. 6.
S. 43: „Parallel zu der ...": Arnold Gehlen, Moral und Hypermoral, S. 123.
„Die Dynamik ...": Charles Horton Cooley, Social Organization, S. 364: *the maternal instinct has been set free and organized on a vast scale, for the activities in which women most excel are those inspired by sympathy with children and with the weak or suffering classes.*
S. 44: „Und daß Kinder genau ...": Vgl. zu *Elternschaftshybriden* und den *Folgen neuer Elternarrangements* den großartigen Essay von Gerhard Amendt, „Aggressive Persiflage", S. 8.

S. 45: „Und, so bemerkt Francis ...": Vgl. Francis Fukuyama, The Great Disruption, S. 116.
„Das macht deutlich ...": Charles Horton Cooley, Social Organization, S. 357.
„Kenneth J. Gergen hat ...": Kenneth J. Gergen, The Saturated Self, S. 178.
„Der Organisationssoziologe ...": James March, The Pursuit of Organizational Intelligence, S. 187.

S. 47: „Ende des 19. Jahrhunderts ...": Emile Durkheim, Die Teilung der sozialen Arbeit, S. 96.

S. 48: „Liebe dagegen ist ...": Kein Konservativer, sondern das Oberhaupt der Kritischen Theorie, Max Horkheimer, durfte noch vor einem halben Jahrhundert in seiner Studie über Autorität und Familie, S. 87, den Satz formulieren: *Heute, wo das Kind nicht mehr die uneingeschränkte Liebe seiner Mutter erfährt, bleibt seine eigene Liebesfähigkeit unentwickelt.*

S. 49: „So formuliert noch ...": Hegel, Enzyklopädie der philosophischen Wissenschaften, § 523.

S. 49: „Die Familie leistet ...": Vgl. Niklas Luhmann, Die Gesellschaft der Gesellschaft, S. 634.

S. 50: „Der Soziologe René ...": René König, Die Familie der Gegenwart, S. 59.
„Ungeachtet des hohen ...": Arnold Gehlen, Moral und Hypermoral, S. 93.
„So feiert Max ...": Max Horkheimer, Autorität und Familie, Paris 1936, S. 64.
„Und sein Schüler ...": Jürgen Habermas, Strukturwandel der Öffentlichkeit, S. 112.

S. 51: „Die Crux bestehe ...": Vgl. Frank Knight, „Socialism: The Nature of the Problem", S. 98 f.

S. 52: „Einst ausweglose Erlebensform ...": Niklas Luhmann, Gesellschaftsstruktur und Semantik, Bd. III, S. 170.

S. 52: „In gewisser Weise ...": Jürgen Habermas, Strukturwandel der Öffentlichkeit, S. 243. – Es wäre naiv, darauf „kulturkritisch" zu reagieren, denn die Entprivatisierung der traditionellen Familienangelegenheiten durch Maßnahmen der sozialen Fürsorge entlastet die Familie ja auch von Überforderungen und macht es überhaupt erst möglich, daß sie sich rein im Medium Liebe organisiert; vgl. dazu Friedrich Fürstenberg, Die Sozialstruktur der Bundesrepublik Deutschland, S. 48.

S. 52: „Die Familie ist ...": Niklas Luhmann, Grundrechte als Institution, S. 105; vgl. ders., Die Ausdifferenzierung des Rechts, S. 305.

S. 53: „Je emotionaler ...": Vgl. Ronald Cohen, „Altruism: Human, Cultural, or What?", S. 50: *to be emotionally involved would limit our capacities for mobility.*
„Daß Eltern keine Zeit ...": Vgl. Arlie Russel Hochschild, The Time Bind, S. 50f.

S. 54: „Umgekehrt bietet Intimität ...": Vgl. Mark S. Granovetter, „The Strength of Weak Ties", S. 1360ff. – Granovetters Entdeckung der Stärke schwacher Bindungen bestätigt eindrucksvoll die Modernitätsformel von Benjamin Nelson: *from tribal brotherhood to universal otherhood.* Universale Andersheit charakterisiert das Netzwerk schwacher Bindungen, das der modernen Welt ihre dynamische Stabilität verleiht.

S. 55: „Deshalb schließen sich ...": *Efficiency mixes poorly with friedship*, heißt es, zeitgemäß kalt serviert, bei Ronald Burt, Structural Holes, S. 24.
„Die Eltern haben dann ...": Gary S. Becker & Kevin Murphy, Social Economics, S. 151, sprechen genau in diesem Sinne von *parental investment in children's guilt.*
„Gemäß jener Logik ...": Elisabeth Beck-Gernsheim, „Auf dem Weg in die postfamiliale Familie", S. 134.
„Der Klan war ...": Ferdinand Tönnies, Gemeinschaft und Gesellschaft, S. 31.

S. 56: „Aus Verwandtschaft wird ...": *Therapy generally supplements kinship*, meinte schon Talcott Parsons, Politics and Social Structures, S. 15.
„Vivienne Waller ...": Auch diese Kulturrevolution verdanken wir natürlich den 68ern. Vgl. etwa Dieter Claessens und Ferdinand Menne, „Zur Dynamik der bürgerlichen Familie und ihrer möglichen Alternativen", S. 339f.
„Was in den reinen ...": Zu solchen *pure relationships* vgl. Antony Giddens, Beyond Left and Right, S. 117.
„Zumal nach der Scheidung ...": So buchstäblich Frank F. Furstenberg und Andrew J. Cherlin, Divided Families, S. 93: *working at becoming kin.* Dabei entstehen dann ganz neue Formen der Verwandtschaft, etwa Eltern, die gleichzeitig auch Stiefeltern sind. Doch wie stabilisiert man solche Beziehungen? Antony Giddens hat hier die wunderbar idealistische Idee, die Rechte der Kinder ins Zentrum solcher neuartigen Verwandtschaftsbeziehungen zu stellen.

S. 57: „Das Faszinierende ...": Zu diesen *family commodities* vgl. Gary Becker, A Treatise on the Family, S. 128.
„Günther Staguhn hat deshalb ...": Günther Staguhn, Tierlie-

be, S. 250; vgl. dazu auch Desmond Morris, The Human Zoo, S. 177f.

S. 58: „Zum zweiten aber geht es ...": *People have a need to provide care*, liest man bei Rolf Jensen, The Dream Society, S. 76. Auch Desmond Morris, The Naked Ape, S. 143, spricht von *need to care for others*. Und neuerdings kalkulieren auch Ökonomen mit einem *demand for giving* – so jedenfalls Gary S. Becker, Economic Approach to Human Behavior, S. 275. Doch sich um andere sorgen zu wollen, das will auch gelernt sein: *learning to worry about things*, heißt es entsprechend bei Gregg Easterbrook, The Progress Paradox, S. 193.

S. 59: „Heute hat Vater ...": Vgl. Robert B. Reich, The Future of Success, S. 172, und Arlie Russel Hochschild, The Second Shift, S. 254: *Day care for children, retirement homes for the elderly, homes for delinquent children, mental hospitals, and even psychotherapy are, in a way, commercial substitutes for jobs a mother once did at home.*

„Dieses zentrale Familienmotiv ...": Joseph Schumpeter, Kapitalismus, Sozialismus und Demokratie, S. 259.

S. 60: „Eltern opfern Geld ...": Joseph Schumpeter, Kapitalismus, Sozialismus und Demokratie, S. 254f.

„Und umgekehrt ist ...": Vgl. dazu Michael Argyle, „Causes and Correlates of Happiness", S. 353ff.

S. 61: „Menschen, die Elternverantwortung ...": Franz-Xaver Kaufmann, Schrumpfende Gesellschaft, S. 195.

S. 62: „Und ein ganz wesentlicher ...": Thorstein Veblen, The Theory of the Leisure Class, S. 69.

„Die Elternrolle hat ...": Johann August Schülein, Die Geburt der Eltern, S. 219.

„Ein Vater, der ...": Friedrich List, Das natürliche System der politischen Ökonomie, S. 193.

„Wer Schweine erzieht ...": Friedrich List, Das nationale System der politischen Ökonomie, S. 231.

S. 63: „Ob dadurch der Reichtum ...": Vgl. Lionel Tiger, The Apes of New York, S. 30, und ders., The Decline of Males, S. 68: *A mother caring for another's child for money adds to the gross national product. A mother caring for her own child does not.*

„Ob man verheiratet ...": Niklas Luhmann, Die Wirtschaft der Gesellschaft, S. 165.

S. 64: „Der Arbeitsminister ...": Robert B. Reich, The Future of Success, S. 6: *that balance between making a living and making a life.*

S. 65: „Das Arbeitsleben ist ...": Lionel Tiger, The Decline of Males, S. 146: *And the workplace may provide more than money alone; it may offer adult stimulus, brilliant communication systems, social interaction, comfortable air, clear notions of social contribution, and the brisk swish of tangible action.*

S. 65: „Daß man noch einen Berg ...": Peter Senge, The Fifth Discipline, S. 309: *„Pushing ahead" with one's work becomes a convenient excuse for avoiding the anguish of going home to an unhappy spouse and troubled children.*

„Wer sich das Heldentum ...": So auch das Fazit von Edmund Leites, The Puritan Conscience and Modern Sexuality, S. 157: *doing well in business is easy compared to what is expected of one at home, where the demand for the integration of erotic and moral elements looms so large. Work is a respite from a home which asks for more than is possible.*

„Die Arbeit wird gesellig ...": Vgl. Arlie Russel Hochschild, The Time Bind, S. 212: *family life has become a matter of efficiently assembling people into prefabricated activity slots.*

S. 66: „Wenn eine Frau experimentell ...": Vgl. Arlie Russel Hochschild, The Second Shift, S. 255.

„Ihre Arbeitslosigkeit ...": So Lionel Tiger, The Apes of New York, S. 70: *reproductive unemployment.*

S. 67: „Frauen verdienen mehr ...": Vgl. Gary S. Becker, A Treatise on the Family, S. 140: *The number of children is strongly negatively related to the wage rate or other measures of the value of time of wives, and is more often positively rather than negatively related to the wage rate or earnings of husbands.*

„Die Faustregel ...": Vgl. Lionel Tiger, Men in Groups, S. 45.

S. 68: „Und nur Elternliebe ...": Vgl. Gerd Gigerenzer u.a., Simple Heuristics that Make Us Smart, S. 31.

„Liebe ist unökonomisch ...": Robert B. Reich, The Future of Success, S. 183: *the essence of luxury is to have time lavished on you by another human being.*

„Das Handeln und Verhandeln ...": Vgl. Desmond Morris, Intimate Behavior, S. 73. – Es gibt also auch keine *martial economy of gratitude*, mit der Arlie Russel Hochschild hofft, Druck auf hausarbeitsunwillige Männer ausüben zu können; vgl. The Second Shift, S. 212.

S. 69: „Weil die Nazis ...": Die Formel *Raum ohne Volk* findet sich in dem sehr hellsichtigen Beitrag von Joachim Nawrocki, „Kinder unerwünscht", S. 9. Wie man die demographische Diskussion schon vor fast dreißig Jahren politisch korrekt erstickt hat, macht die Antwort von Albrecht Müller, dem damaligen Leiter der Planungsabteilung (!) im Bundeskanzleramt, deutlich: W.-R. Leenen und A. Müller, „Babys – der Rente wegen?", S. 16. So heißt es über die *positiven Konsequenzen* der Bevölkerungsimplosion: *die Energie- und Wasserversorgung wird erleichtert, Verkehrsprobleme werden tendenziell entschärft, für eine wachsende Freizeit bleibt mehr Raum, die Umweltbelastung wird weniger drückend.*

S. 69: „Kann man den Ländern ...": W.-R. Leenen/A. Müller, „Babys – der Rente wegen?, S. 16.

S. 70: „Seither rätseln führende ...": So der treffende Ausdruck von Joachim Nawrocki, „Kinder unerwünscht", S. 9.

„Zukunftsverweigerung ...": So Peter Graf Kielmannsegg, in: FAZ, 23. 5. 2003.

„Franz Xaver Kaufmann ...": Franz Xaver Kaufmann, Schrumpfende Gesellschaft, S. 52.

„Kinderlose finden ...": Franz Xaver Kaufmann, Schrumpfende Gesellschaft, S. 143.

S. 71: „Ehepaare mit Kindern ...": Joachim Nawrocki, „Die Angst der Eltern vor dem Säugling", S. 10.

„Schumpeter hat das ...": Joseph Schumpeter, Kapitalismus, Sozialismus und Demokratie, S. 260.

S. 72: „Die Zahl ungewollt ...": Marion Kraske und Udo Ludwig, „Die Babygrenze", S. 118.

„Daseinsvorsorge und Daseinsfürsorge ...": Helmut Schelsky, „Kritik der austeilenden Gerechtigkeit", S. 310 f.

S. 73: „Hildegard Schooß ...": Hildegard Schooß, „Mütterzentren", S. 232. – Anfang der siebziger Jahre wurde das noch in aller Deutlichkeit proklamiert. So heißt es in einem Essay von Dieter Claessens und Ferdinand Menne, „Zur Dynamik der bürgerlichen Familie", S. 336, über den pädagogischen *Dilettantimus* der Eltern: *Die Forderung der Gegenwart geht aber auf „Experten der Sozialisation".*

„Wie schwierig eine freie ...": Friedhelm Neidhardt, „Strukturbedingungen und Probleme familialer Sozialisation", S. 209.

S. 74: „Die Zerstörung des Gemeinwesens ...": G. W. F. Hegel, Phänomenologie des Geistes, S. 340 f.

„Aus der Perspektive ...": Das ist das Leitmotiv von Ferdinand Mount, The Subversive Family.

S. 75: „Ich bin gekommen ...": Matthäus 10, 35 ff. – Vgl. hierzu Ferdinand Mount, The Subversive Family, S. 15 f., Steven Pinker, How the Mind Works, S. 439, und Lionel Tiger, The Manufacture of Evil, S. 201.

„Im fünften Buch ...": Platon, Politeia V 457 cd. – Nicht anders fordert dann auch Edmund R. Leach, A Runaway World, S. 45: *Children need to grow up in larger, more relaxed domestic groups centred*

Anmerkungen

on the community rather than on mother's kitchen; something like an Israeli kibbutz perhaps, or a Chinese commune.

S. 75: „Solange die Menschen ...": Ferdinand Mount, The Subversive Family, S. 35, zeigt das sehr schön am sowjetischen Erziehungskommissar Lunatscharski.

S. 76: „Man kommt dann gar nicht ...": Genau diesen Verdacht gegenüber den *public busybodies* aber äußert Ferdinand Mount, The Subversive Family, S. 165: *Public life often seems to attract people who either do not like or cannot manage private life.*

„Die Puritaner erfaßten ...": Benjamin Nelson, Der Ursprung der Moderne, S. 155; vgl. hierzu auch Ferdinand Mount, The Subversive Family, S. 20.

„Doch wenn man nach ...": Von *anti-family bonds* spricht Lionel Tiger, Men in Groups, S. 135.

„Nichts ist der Intimität der Familie ...": Ferdinand Mount, The Subversive Family, S. 193 und S. 195: *To seek fraternity is to flee from intimacy.* Und umgekehrt gilt: *to establish intimacy is to flee from fraternity.*

S. 77: „Diese starken Bindungen ...": Ferdinand Mount, The Subversive Family, S. 197: *to promise more fraternity in general is to promise a weaker link between each particular pair of brothers.*

S. 78: „Natürlich kämpfen sie ...": Vgl. Arlie Russel Hochschild, The Second Shift, S. XV.

„Das Lebensproblem ...": So ausdrücklich Arlie Russel Hochschild, The Second Shift, S. 246: *It is men who can do more. Fathers can make a difference.*

S. 79: „Niklas Luhmann definiert ...": Niklas Luhmann, Soziologische Aufklärung, Bd. V, S. 203. Und je weniger man sich auf die Familie als System verlassen kann, desto wichtiger wird die Simulation enthemmter Kommunikation im Fernsehen – die Soap und die Talkshow.

„Und davon profitieren ...": Niklas Luhmann, Soziologische Aufklärung, Bd. V, S. 215.

S. 80: „Wer das weiß ...": Vgl. Lionel Tiger, The Decline of Males, S. 71.

„Frauen verstehen Organisation ...": Lionel Tiger und Robin Fox, The Imperial Animal, S. 104: *females occupy themselves with interpersonal matters involving face-to-face encounters.*

„Und wo Männer am ...": Zu diesem femininen Verständnis des Arbeitsplatzes als Ort eines *benign social engineering* und des Mitarbeiters als *internal customer* vgl. Arlie Russel Hochschild, The Time Bind, S. 43.

S. 81: „Wer mit Frauen kommuniziert ...": Das beobachtet auch der Anthropologe Lionel Tiger, The Apes of New York 221: *men and women tend to process information somewhat differently and in broad terms pay attention to different stimuli.*
„Das steckt nicht nur ...": Vgl. dazu Deborah Tannen, You Just Don't Understand, etwa S. 25: *conversations are negotiations for closeness in which people try to seek and give confirmation and support.*
„Denn die neue Bürgerlichkeit ...": Vgl. Antony Giddens, Beyond Left and Right, S. 119. Man muß den etwas süßlichen Optimismus von Giddens, den das Wort „Gefühlsdemokratie" ausströmt, übrigens nicht teilen, um die emotionale Basis der neuen Herrschaft der Weiblichkeit zu erkennen. Walter Benjamin nannte sie sehr viel nüchterner *die aufgeklärte Despotie des Gefühls* – Walter Benjamin, Gesammelte Schriften, Bd. III, S. 58.

S. 82: „das Zwangssystem ...": Frank Schirrmacher, Das Methusalem-Komplott, S. 77.

S. 83: „Deshalb arbeiten Frauen ...": Zu diesem *refashioning the self* vgl. Nancy Etcoff, Survival of the Prettiest, S. 20.
„Doch Frauen müssen sich ...": Über *the female's use of her own body as a theater of action* vgl. Margaret Mead, Continuities in Cultural Evolution, S. 97.

S. 84: „Denn evolutionstypisch ...": „Was will das Weib?", fragte sich Freud – bekanntlich vergeblich. David M. Buss schlägt als Antwort vor: „the quality of being loving" – David M. Buss, The Evolution of Desire, S. 44. Das heißt natürlich, ein Rätsel durch ein anderes zu ersetzen.
„Die Verknüpfung zwischen ...": Lionel Tiger, Optimism, S. XXII: *the optimum democratic drug.*
„So werden die Jungen ...": Vgl. hierzu Francis Fukuyama, Our Posthuman Future, S. 51f. und S. 94.

S. 85: „Sobald nämlich Kinder ...": Dazu schon ganz nüchtern William G. Sumner: *No amount of reasoning, complaining or protesting, can alter the fact that woman bears children and man does not* – zitiert nach: Helmut Schelsky, Soziologie der Sexualität, S. 19.
„Männer sind kompetitiv ...": Zu *male competition and female choice* vgl. Steven Pinker, How the Mind Works, S. 464.
„Feminismus besagt ja ...": Mit der ironischen Folge, daß die Leugnung des Unterschieds als Unterschied die Überlegenheit des männlichen Geschlechts gerade steigert: *The feminist revolution has decreased the decoupling between genders and thereby increased control exerted by male gender.* – Harrison C. White, Identity and Control, S. 322. Man ist versucht, das unter „List der Vernunft" zu verbuchen.

Anmerkungen

S. 87: „Die Emanzipation des einen ...": Niklas Luhmann, Das Erziehungssystem der Gesellschaft, S. 197.

S. 88: „Seine Antithese konnte ...": Max Weber, Wissenschaft als Beruf, S. 28.
„Als therapiebedürftig ...": Gerhard Amendt, „Aggressive Persiflage", S. 8. – Vgl. dort auch die sehr bedenkenswerten Überlegungen zum geheimen Ressentimentmotiv der homosexuellen Kultur.

S. 89: „Bei einigen Männern ...": Vgl. dazu David M. Buss, The Evolution of Desire, S. 253 f.
„Es geht hier um die ...": So auch Desmond Morris, The Human Zoo, S. 117: *In addition to the total domination and degradation of the female, one of the bizzare satisfactions of rape for the sadist is that the writhings and facial expressions of pain he produces in the female are somewhat similar to the writhings and facial expressions of a female experiencing an intense orgasm.*

S. 90: „Allerdings ist nicht nur ...": Vgl. etwa Randy Thornhill und Craig T. Palmer, „The Evolutionary Biology of Rape", S. 121.
„Die meisten tun es nicht ...": Mihaly Csikszentmihalyi, Flow, S. 102: *instead of doing it personally, most people are content to hear about it or watch a few experts perform it.*

S. 91: „Was Freud einmal ...": Sigmund Freud, „Eine Kindheitserinnerung des Leonardo da Vinci", Gesammelte Werke, Bd. VIII, S. 167.

S. 92: „Wer beim Sport zuschaut ...": Mit den Worten von Lionel Tiger, The Decline of Males, S. 208: *the lost world of contests.*

S. 93: „Die thymotische Selbstbehauptung ...": Vgl. Francis Fukuyama, The End of History and the Last Man, S. 187: *thymotic self-assertion.*

S. 95: „Sport aus Hygiene ist ...": Bertold Brecht, „Sport und geistiges Schaffen", S. 123.
„John Naisbitt nennt das ...": John Naisbitt, High Tech/High Touch, S. 62.
„Sport präsentiert den ...": Niklas Luhmann, Soziale Systeme, S. 337.

S. 98: „Der Futurist Marinetti ...": Desmond Morris, The Human Zoo, S. 108, schreibt über das Design der Rennwagen: *A man sitting in his open sports car is like a piece of highly stylized phallic sculpture. His body has disappeared and all that can be seen are a tiny head and hands surmounting a long, glistening penis.*

Literatur

Theodor W. Adorno, Minima Moralia, Frankfurt am Main 1951
Gerhard Amendt, „Aggressive Persiflage", in: Frankfurter Allgemeine Zeitung 8. 11. 2002
Michael Argyle, „Causes and Correlates of Happiness", in: Well-Being, hrsg. von D. Kahneman, Ed Diener und Norbert Schwarz, New York 1999
Paul B. Baltes. „Die Freiheit der Ältesten", in: Frankfurter Allgemeine Zeitung 28. 10. 2005
Karl Barth, Der Römerbrief (1922), Zürich 1978
Gary S. Becker, Accounting for Tastes, Cambridge Mass. und London 1996
–, A Treatise on the Family, Cambridge Mass. und London 1993
–, Economic Approach to Human Behavior, Chicago 1978
Gary Becker/Kevin Murphy, Social Economics, Cambridge Mass. und London 2000
Elisabeth Beck-Gernsheim, „Auf dem Weg in die postfamiliale Familie", in: Riskante Freiheiten, hrsg. von Ulrich Beck und Elisabeth Beck-Gernsheim, Frankfurt am Main 1994
Daniel Bell, The Coming of Post-Industrial Society, Basic Books New York 1999
Seth Benardete, On Plato's Symposium, München 1994
Walter Benjamin, Gesammelte Schriften, Bd. III, Frankfurt am Main 1981
Herwig Birg, „Die Dritte Welt bei uns", in: Focus # 40, 2005
Bertold Brecht, „Sport und geistiges Schaffen", in: Sport ist Mord, hrsg. von Volker Caysa, Leipzig 1996
Hans Bürger-Prinz, „Psychopathologie der Sexualität", in: Die Sexualität des Menschen, hrsg. von Hans Giese, Stuttgart 1955
Ronald S. Burt, Structural Holes, Cambridge Mass. und London 1992
David M. Buss, The Evolution of Desire, New York 2003
Dieter Claessens und Ferdinand Menne, „Zur Dynamik der bürgerlichen Familie und ihrer möglichen Alternativen", in: Familiensoziologie, hrsg. von Dieter Claessens und Petra Milhoffer, Frankfurt am Main 1973
Ronald Cohen, „Altruism: Human, Cultural, or What?", in: Journal of Social Issues, Vol. 28 # 3, 1972

Charles Horton Cooley, Social Organization, New York 1962
Mihaly Csikszentmihalyi, Flow, New York 1991
Mihaly Csikszentmihalyi/Robert Kubey, „Television and the Rest of Life", in: Public Opinion Quarterly #45, 1981
Emile Durkheim, Über die Teilung der sozialen Arbeit, Frankfurt am Main 1977
Gregg Easterbrook, The Progress Paradox, New York 2003
Nancy Etcoff, Survival of the Prettiest, London 1999
Sigmund Freud, „Eine Kindheitserinnerung des Leonardo da Vinci", Gesammelte Werke, Bd. VIII, 9. Auflage, London 1996
Friedrich Fürstenberg, Die Sozialstruktur der Bundesrepublik Deutschland, 3. Auflage, Opladen 1974
Frank F. Furstenberg und Andrew J. Cherlin, Divided Families, Cambridge Mass. 1991
Francis Fukuyama, The End of History and the Last Man, New York 1992
–, The Great Disruption, New York 2000
–, Our Posthuman Future, New York 2002
Arnold Gehlen, Moral und Hypermoral, 5. Auflage, Wiesbaden 1986
–, „Über die Geburt der Freiheit aus der Entfremdung", in: Archiv für Rechts- und Sozialphilosophie Bd. XL #3, 1953
Kenneth J. Gergen, The Saturated Self, New York 1991
Antony Giddens, Beyond Left and Right, Cambridge UK 1994
Gerd Gigerenzer, Peter M. Todd u.a., Simple Heuristics that Make Us Smart, Oxford 1999
Norval Glenn, „Letter to the Editor", in: Atlantic, July 1993
Johann Wolfgang Goethe, Die Leiden des jungen Werther
Mark S. Granovetter, „The Strength of Weak Ties", in: American Journal of Sociology 78 (2) #6, 1973
Jürgen Habermas, Strukturwandel der Öffentlichkeit, 2. Auflage, Frankfurt am Main 1991
Georg Wilhelm Friedrich Hegel, Enzyklopädie der philosophischen Wissenschaften, Hamburg 1969
–, Phänomenologie des Geistes, 6. Auflage, Hamburg 1952
–, System der Sittlichkeit, Hamburg 1967
Homer, Odyssee, übersetzt von Johann Heinrich Voss, Stuttgart 1970
Max Horkheimer, Autorität und Familie, Paris 1936
–, „Autorität und Familie in der Gegenwart", in: Familiensoziologie, hrsg. von Dieter Claessens und Petra Milhoffer, Frankfurt am Main 1973
Max Horkheimer/Theodor W. Adorno, „Familie", in: Familiensoziologie, hrsg. von Dieter Claessens und Petra Milhoffer, Frankfurt am Main 1973

Karl Jaspers, Die geistige Situation der Zeit, 5. Auflage, Berlin 1932
Rolf Jensen, The Dream Society, New York 1999
Immanuel Kant, Die Metaphysik der Sitten, Frankfurt am Main 1977
Franz-Xaver Kaufmann, Schrumpfende Gesellschaft, Frankfurt am Main 2005
Andreas Kilb, „Feierabend", in: Frankfurter Allgemeine Zeitung 25. 11. 2002
Frank Knight, „Socialism: The Nature of the Problem", Essays, Bd. II, Chicago und London 1999
René König, Die Familie der Gegenwart, München 1974
Marion Kraske/Udo Ludwig, „Die Babygrenze", in: Der Spiegel 14. 11. 2005
Jacques Lacan, Les quatre concepts fondamentaux de la psychanalyse, Paris 1973
Robert E. Lane, „Procedural Goods in a Democracy", in: Social Justice Research # 2, 1988
Edmund R. Leach, A Runaway World, London 1968
W.-R. Leenen und A. Müller, „Babys – der Rente wegen?", in: Die Zeit 9. 2. 1979
Edmund Leites, The Puritan Conscience and Modern Sexuality, New Haven und London 1986
Friedrich List, Das nationale System der politischen Ökonomie, 5. Auflage, Jena 1930
–, Das natürliche System der politischen Ökonomie, Berlin 1927
Niklas Luhmann, Die Ausdifferenzierung des Rechts, Frankfurt am Main 1981
–, Das Erziehungssystem der Gesellschaft, Frankfurt am Main 2002
–, Die Gesellschaft der Gesellschaft, Frankfurt am Main 1997
–, Gesellschaftsstruktur und Semantik, Bd. III, Frankfurt am Main 1989
–, Grundrechte als Institution, 4. Auflage, Berlin 1999
–, Protest, Frankfurt am Main 1996
–, Soziale Systeme, Frankfurt am Main 1984
–, Soziologische Aufklärung, Bd. V, Opladen 1990
–, Die Wirtschaft der Gesellschaft, Frankfurt am Main 1988
James March, The Pursuit of Organizational Intelligence, Malden Mass. und London 1999
Margaret Mead, Continuities in Cultural Evolution, Yale University Press 1964
Desmond Morris, The Human Zoo, New York 1996
–, Intimate Bahavior, New York und London 1997
–, The Naked Ape, London 1994

Ferdinand Mount, The Subversive Family, London 1983
John Naisbitt, High Tech/High Touch, New York 1999
Joachim Nawrocki, „Die Angst der Eltern vor dem Säugling", in: Die Zeit 12. 1. 1979
–, „Kinder unerwünscht", in: Die Zeit 5. 1. 1979
Friedhelm Neidhardt, „Strukturbedingungen und Probleme familialer Sozialisation", in: Familiensoziologie, hrsg. von Dieter Claessens und Petra Milhoffer, Frankfurt am Main 1973
Benjamin Nelson, The Idea of Usury, Chicago und London 1969
–, Der Ursprung der Moderne, Frankfurt am Main 1977
Friedrich Nietzsche, Ecce Homo
Talcott Parsons, Politics and Social Structures, New York 1969
Steven Pinker, How the Mind Works, London 1999
Platon, Politeia
–, Symposion
Jens Reich, „Sexualität und Fortpflanzung als technisches Konstrukt", in: Next Sex, hrsg. von Gerfried Stocker und Christine Schöpf, Wien und New York 2000
Robert B. Reich, The Future of Success, New York 2001
Arlie Russel Hochschild, The Second Shift, New York 2003
–, The Time Bind, New York 2000
Robert J. Samuelson, The Good Life and Its Discontents, New York 1997
Helmut Schelsky, „Kritik der austeilenden Gerechtigkeit", in: Öffentliche Meinung und sozialer Wandel, hrsg. von Horst Baier, Mathias Kepplinger und Kurt Reumann, Opladen 1981
–, Soziologie der Sexualität, Hamburg 1955
Frank Schirrmacher, „Dreißig Jahre nach zwölf", in: Frankfurter Allgemeine Zeitung, 21. 2. 2005
–, Das Methusalem-Komplott, 36. Auflage, München 2004
Hildegard Schooß, „Mütterzentren als Antwort auf Überprofessionalisierung im sozialen Bereich", in: Was hält die moderne Gesellschaft zusammen?, hrsg. von Erwin Teufel, Frankfurt am Main 1977
Johann August Schülein, Die Geburt der Eltern, Opladen 1990
Joseph Schumpeter, Kapitalismus, Sozialismus und Demokratie, 7. Auflage, Tübingen und Basel 1993
Otto Seeck, Geschichte des Untergangs der antiken Welt, 5 Bde., 3. Aufl. Berlin 1921
Peter M. Senge, The Fifth Discipline, New York 1990
Georg Simmel, Philosophie des Geldes, 5. Auflage, Berlin 1958
George Spencer Brown, Laws of Form, London 1969
Oswald Spengler, Der Untergang des Abendlandes, München 1990

Gerhard Staguhn, Tierliebe, München 1996
Deborah Tannen, You Just Don't Understand, London 1991
Randy Thornhill/Craig T. Palmer, „The Evolutionary Biology of Rape", in: Next Sex, hrsg. von Gerfried Stocker und Christine Schöpf, Wien und New York 2000
Lionel Tiger, The Apes of New York, Cybereditions 2003
–, The Decline of Males, New York 1999
–, The Manufacture of Evil, New York und London 1991
–, Men in Groups, New Brunswick und London 2005
–, Optimism, New York und London 1995
–, The Pursuit of Pleasure, New Brunswick und London 2000
Lionel Tiger/Robin Fox, The Imperial Animal, New Brunswick NJ 1998
Ferdinand Tönnies, Gemeinschaft und Gesellschaft, Darmstadt 1963
Thorstein Veblen, The Theory of the Leisure Class, Mineola NY 1994
Max Weber, Wissenschaft als Beruf, 6. Auflage, Berlin 1975
–, „Zwischenbetrachtung", in: Gesammelte Aufsätze zur Religionssoziologie, Bd. I, 5. Auflage, Tübingen 1963
Harrison C. White, Identity and Control, Princeton NJ 1992